ENSINO FUNDAMENTAL

HISTÓRIA

Marlene Ordoñez
Lizete M. Machado

6º ano

1ª EDIÇÃO
SÃO PAULO
2012

Coleção Eu Gosto Mais
História – 6º ano
© IBEP, 2012

Diretor superintendente	Jorge Yunes
Gerente editorial	Célia de Assis
Editor	Pedro Cunha
Assistente editorial	Gabriele Cristine Barbosa dos Santos
	Ivi Paula Costa da Silva
	Juliana de Paiva Magalhães
Revisão	André Tadashi Odashuio
	Berenice Baeder
	Maria Inez de Souza
	Rhodner Paiva
Coordenadora de arte	Karina Monteiro
Assistente de arte	Marilia Vilela
	Tomás Troppmair
Coordenadora de iconografia	Maria do Céu Pires Passuello
Assistente de iconografia	Adriana Correia
	Wilson de Castilho
Cartografia	Mario Yoshida
	Heber Lisboa
Produção editorial	Paula Calviello
Produção gráfica	José Antonio Ferraz
Assistente de produção gráfica	Eliane M. M. Ferreira
Capa	Equipe IBEP
Projeto gráfico	Equipe IBEP
Editoração eletrônica	Tatiane Santos de Oliveira

CIP-BRASIL. CATALOGAÇÃO-NA-FONTE
SINDICATO NACIONAL DOS EDITORES DE LIVROS, RJ

O76h

Ordoñez, Marlene, 1941-
    História : 6º ano / Marlene Ordoñez, Lizete Mercadante Machado. - 1.ed. - São Paulo : IBEP, 2012.
    il. ; 28 cm   (Eu Gosto Mais)

    ISBN 978-85-342-3428-3 (aluno) - 978-85-342-3432-0 (mestre)

    1. História (Ensino fundamental) - Estudo e ensino. I. Machado, Lizete Mecadante. II. Título. III. Série.

12-5669.   CDD: 372.89
                            CDU: 373.3.0162:930

10.08.12   17.08.12   038032

1ª edição – São Paulo – 2012
Todos os direitos reservados

EDITORA AFILIADA

Av. Alexandre Mackenzie, 619 – Jaguaré
São Paulo – SP – 05322-000 – Brasil – Tel.: (11) 2799-7799
www.ibep-nacional.com.br   editoras@ibep-nacional.com.br

CTP, Impressão e Acabamento IBEP Gráfica
29692

Apresentação

Caro aluno

Este livro representa o nosso compromisso com a educação. Foi escrito para ajudar você a aprender a História de uma forma gostosa e envolvente.

Queremos que vivencie os fatos históricos, reflita sobre eles e compreenda-os, para assim entender o mundo real. Desse modo, propomos muitas atividades nas quais você terá de dar opiniões, estabelecer relações entre passado e presente, tirar conclusões.

Nosso objetivo mais importante é motivá-lo a olhar o nosso tempo e as forças sociais que nele atuam, conscientizando-se de seu papel como cidadão capaz de escrever a própria história.

Bons estudos!

As autoras.

Sumário

Capítulo 1 – O estudo histórico 8
História: uma construção do homem 8
   Atividades 12
Contanto o tempo 14
Reconstruindo a História 15
E no Brasil? 16
   Atividades 19

Capítulo 2 – As navegações portuguesas 21
O governo português toma posse de terras na América 21
   Atividades 23
Portugal e Espanha: o mundo dividido 25
Os portugueses chegam às Índias 26
Agora, as novas terras 26
Brasil, colônia de Portugal 28
   Atividades 29

Capítulo 3 – Os povos indígenas do Brasil 31
As novas terras tinham dono 31
   Atividades 33
Os povos indígenas do Brasil 36
A terra era de todos 38
Quando chegam os brancos 39
   Atividades 41

Capítulo 4 – Os primeiros 30 anos 42
Pau-brasil, a primeira riqueza 42
   Atividades 45
Reconhecendo a terra 47
O Brasil é arrendado 48
O Brasil ameaçado 48
   Atividades 49

Capítulo 5 – A administração portuguesa no Brasil 50

Colonizar é preciso 50
    Atividades 52
As capitanias hereditárias 54
O governo-geral 57
As Câmaras Municipais 60
    Atividades 61

Capítulo 6 – A economia açucareira 63

Colônia tem de dar lucro 63
    Atividades 65
Produzir para exportar 66
A grande propriedade açucareira 67
A fabricação do açúcar 68
A criação de gado 69
A produção de subsistência 69
    Atividade 69

Capítulo 7 – A sociedade do açúcar 71

Imaginando a vida num engenho: o dia a dia de um senhor 71
    Atividades 75
O poder dos senhores de engenho 76
Livres e pobres 77
As mãos e os pés do senhor 77
    Atividades 78

Capítulo 8 – Escravidão e resistência negra 80

A escravidão negra: uma longa e triste história 80
    Atividades 82
As sociedades africanas e a escravidão 84
A origem dos escravos 85
O uso do trabalho escravo 85
A resistência negra 86
    Atividades 88

Capítulo 9 – As invasões francesas 89

Os franceses cobiçam o Brasil 89
    Atividades 90
A invasão do Rio de Janeiro 91
Os franceses no Maranhão 93
    Atividades 94

Capítulo 10 – As invasões holandesas 95
O açúcar atrai os holandeses 95
    Atividades 96
Portugal sob o domínio da Espanha 97
O açúcar e os holandeses 97
Os holandeses invadem a Bahia 98
A invasão de Pernambuco 98
    Atividades 101

Capítulo 11 – Expansão territorial 102
As fronteiras avançam 102
    Atividades 104
A pecuária e a expansão para o interior 106
A ocupação da Amazônia 107
A expansão bandeirante 108
A ocupação do sul 111
Questão de fronteiras 112
    Atividades 113

Capítulo 12 – A época do ouro 115
As cidades do ouro 115
    Atividades 118
A exploração do ouro 119
O rigor da Metrópole 119
O crescimento da economia 120
A sociedade mineira 121
O desenvolvimento artístico 121
    Atividades 122

Capítulo 13 – As primeiras rebeliões da Colônia 124
Portugal e Brasil: interesses opostos 124
    Atividades 125
O Maranhão em revolta 126
Guerra dos Emboabas 127
Guerra dos Mascates 127
Revolta de Vila Rica 128
    Atividades 128

Capítulo 14 – As rebeliões separatistas 130
A luta pela independência 130

Atividades 131
A Metrópole pressiona 132
Crise em Minas Gerais 132
A Inconfidência Mineira 133
A Conjuração Baiana 135
Atividades 136

Capítulo 15 – Brasil: sede da monarquia portuguesa 138
A família real veio para o Brasil 138
Atividades 141
A abertura dos portos 142
Os tratados com a Inglaterra 143
A administração de D. João 143
Pernambuco luta pela independência 145
A volta da família real 146
Atividades 147

Capítulo 16 – A Regência de D. Pedro e a independência 149
O Rio de Janeiro mudou 149
Atividades 152
As Cortes querem recolonizar o Brasil 153
Os brasileiros reagem 153
O "7 de setembro" 154
Atividades 155

Glossário 158
Indicação de leituras complementares 161
Saiba pesquisar na internet 163
Referências bibliográficas 166

Capítulo 1
O ESTUDO HISTÓRICO

História: uma construção do homem

Desde o seu surgimento na Terra, o homem experimentou numerosas e profundas mudanças na sua maneira de viver, sentir, pensar, se organizar...

O mundo em que vivemos hoje é fruto de uma longa trajetória da humanidade; é resultado do trabalho transformador do homem.

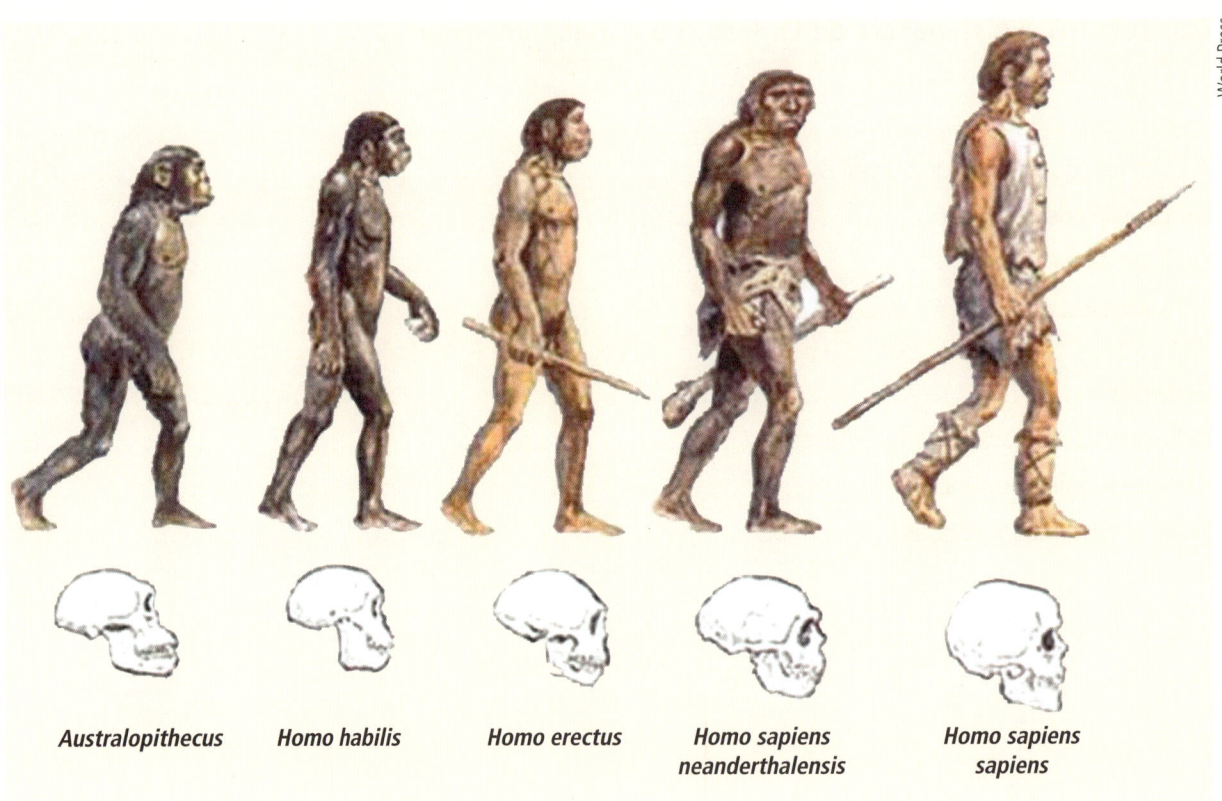

Australopithecus — **Homo habilis** — **Homo erectus** — **Homo sapiens neanderthalensis** — **Homo sapiens sapiens**

Ilustração da linha evolutiva do homem, do *Australopithecus* ao *Homo sapiens*.

A ciência que procura mostrar e explicar as realizações do homem e as transformações da sociedade ao longo do tempo é a História. É essa ciência que ajuda o homem a responder indagações sobre a sua realidade, porque busca no passado as origens de situações atuais, mostrando as semelhanças e as diferenças entre o que aconteceu e existiu e o que existe e acontece hoje.

O começo da humanidade

Os primeiros antepassados dos homens, chamados pelos cientistas de hominídeos, surgiram na Terra há aproximadamente um milhão de anos. Pelos vestígios que deixaram, foi possível dividi-los em grupos diferenciados, como o *Australopitecus*, o *Homo habilis*, o *Pithecantropus* e o *Homo sapiens neandeerthalensis* (ou homem de Neandertal). Os vestígios desses hominídeos foram encontrados no continente africano, na Ásia e na Europa. Pesquisas comprovaram que os primeiros hominídeos se desenvolveram na África, de onde depois alcançaram a Ásia, a Europa e a América. Os indivíduos desses grupos, embora se parecessem com os homens atuais, não eram ainda o homem moderno. Este só apareceu por volta de 200 mil anos atrás. É o chamado *Homo sapiens sapiens*.

Pontas de lança de pedra lascada da Pré-História.

O modo de viver dos hominídeos era muito diferente do modo como a maioria das populações vive hoje no planeta. Abrigavam-se em refúgios naturais, como as cavernas. Nas paredes dessas cavernas desenhavam objetos, animais, pessoas e cenas do dia a dia. Os pesquisadores podem comparar esses desenhos com outros vestígios, como restos de fogueiras, de instrumentos e de utensílios, e assim ter uma ideia de como era o cotidiano desses primeiros grupos humanos.

Conseguiam alimentos caçando, pescando e coletando frutos e raízes.

Para facilitar essas tarefas, criaram algumas técnicas e instrumentos, como o arco e a flecha, a machadinha de madeira e de pedra, o arpão de osso, entre outros.

Dentre outros motivos, como estavam sempre à procura de locais com maior fartura de alimentos, não se fixavam num só lugar, ou seja, eram nômades.

Observando a natureza, esses primeiros homens aprenderam a plantar e também a domesticar os animais. Passaram, então, a produzir os seus próprios alimentos, fixando-se perto de onde os plantavam. Tornaram-se, assim, sedentários.

A agricultura, sobretudo, provocou uma revolução na maneira de viver do homem.

No Museu do Homem Americano, localizado no Parque Nacional da Serra da Capivara, em São Raimundo Nonato, PI, é possível ver a réplica de um enterramento ocorrido 9 970 anos atrás, na Toca dos Coqueiros. Foto de 2010.

Os homens aprenderam também a construir casas, geralmente às margens de rios e lagos, ou mesmo na água, sobre estacas, as casas chamadas de palafitas.

Por construir casas e plantar alimentos, o espaço onde o grupo vivia passou a ser visto como uma propriedade, algo que lhe pertencia. Surgiam, ao mesmo tempo, novas formas de organização social, com a criação de vilas e o fortalecimento da autoridade do chefe.

Intelectualmente, os homens também evoluíram. A linguagem, por exemplo, foi sendo aprimorada, com formas mais elaboradas de comunicação: por meio de desenhos e pinturas, por exemplo, que depois foram sendo cada vez mais padronizadas, até dar origem à escrita.

A invenção da escrita é considerada por muitos historiadores uma realização tão importante que é usada como referência para separar dois grandes períodos da evolução da humanidade.

Para os estudiosos que aceitam essa divisão, o longo período de existência da humanidade anterior à invenção da escrita chama-se **Pré-História**. Com a invenção da escrita teve início a **História**. Isso ocorreu entre 3500 e 4000 anos antes de Cristo.

1000000 a.C. aparecimento dos primeiros hominídeos	Entre 3500 e 4000 a.C. invenção da escrita
PRÉ-HISTÓRIA	HISTÓRIA

Essa divisão, entretanto, recebe críticas, porque ela não vale para toda a humanidade, uma vez que os grupos humanos não evoluíram todos ao mesmo tempo e da mesma maneira. Além disso, considera-se que muitas sociedades não letradas, isto é, que não conheciam ou ainda não conhecem a escrita, apresentaram e apresentam consideráveis realizações culturais, tão importantes quanto as das sociedades letradas.

Existem muitas maneiras de dividir a História para melhor compreendê-la e isso depende do que se está procurando no passado. Qualquer divisão, entretanto, é feita para facilitar o estudo no presente. Para a historiografia tradicional, os povos ocidentais, que descendem principalmente dos europeus, teriam quatro grandes períodos ou idades para a sua História: Antiga, Média, Moderna e Contemporânea.

A **Idade Antiga** tem início por volta de 4000 a.C., com a invenção da escrita, e se estende até 476 d.C., ano em que ocorre a queda do Império Romano do Ocidente. Nesse período, desenvolveram-se grandes civilizações, como a chinesa, japonesa, mesopotâmica, fenícia, hebraica, egípcia, grega, romana.

Em 476 d.C., a porção ocidental do Império Romano, constituído por grande parte da Europa, caiu nas

Foto de 2011 mostra as três pirâmides de Gizé, no Egito, construídas na Antiguidade. A maior, chamada Quéops, foi erguida por volta de 2 550 a.C.

10

mãos dos povos que os romanos chamavam de bárbaros, isto é, povos que viviam além das fronteiras do Império.

A **Idade Média** vai de 476 até 1453, com a queda de Constantinopla, capital do Império Romano do Oriente ou Império Bizantino. Nessa época, na Europa, formou-se um sistema político, econômico e social denominado feudalismo, no qual a economia baseava-se na agricultura, realizada em grandes propriedades rurais denominadas feudos.

Vista de Istambul, antiga Constantinopla, em 2008.

A cidade de Constantinopla, que é hoje a cidade de Istambul (atual Turquia), foi dominada pelos turcos em 1453, fato escolhido por historiadores ocidentais para marcar o fim da Idade Média.

A **Idade Moderna** durou de 1453 até 1789, quando teve início a Revolução Francesa. Foi nesse período que a Europa teve sua expansão marítima e comercial, que levou a descobertas e conquistas de territórios e povos até então desconhecidos.

Os portugueses chegaram às terras que mais tarde seriam chamadas Brasil no ano de 1500 e, portanto, na Idade Moderna.

A **Idade Contemporânea** se inicia em 1789 e se estende até os dias atuais. É a idade que estamos vivendo: um tempo de grande desenvolvimento do ponto de vista econômico e científico.

Foi na Idade Contemporânea que nasceu a indústria e, com ela, duas novas classes sociais: a dos industriais e a dos operários. Nessa fase, a ambição dos países pelo domínio econômico acabou provocando (e ainda provoca) vários conflitos e guerras.

Pedro Álvares Cabral, ilustração do século XVIII.

Computador portátil surgiu com a revolução tecnológica e hoje faz parte do nosso cotidiano. Foto de 2012.

ATIVIDADES

1. Forme grupos e troque ideias sobre o que é História e qual a importância de conhecê-la.

2. Escreva o que entendeu sobre esta afirmação: "O homem é o construtor da História".

___

3. Observe a linha evolutiva humana na página 8 e escreva um parágrafo sobre as mudanças físicas significativas por que passou o ser humano.

___

4. Para os historiadores que usam a invenção da escrita como referência, a existência da humanidade se divide em Pré-História e História. Converse com seus colegas sobre outros possíveis modos de dividir a história do homem, escolha aquele que considera mais adequado e descreva-o abaixo.

___

5 Leia o texto a seguir sobre um povo indígena que vive no norte do Maranhão.

O povo awá-guajá

Eles somam uns trezentos e reivindicam uma área de 118 mil hectares. Vivem em pequenos grupos de cinco a dez pessoas. Caçam, pescam e coletam castanhas e frutas, sobretudo o coco babaçu. Calcula-se que há ainda de sessenta a cem não contatados. A quem pensa que é muita terra para pouco índio, o missionário responde: "Por dependerem da caça e coleta, eles precisam de um território contínuo para perambular, intacto e livre de danos ambientais".

Os awá já foram agricultores, mas há cerca de duzentos anos foram forçados a adotar o nomadismo para escapar da perseguição dos invasores de seu território.

Eles pedem socorro. *Sem fronteiras*, 11 de maio de 2004.
Disponível em: <www.semfronteirasweb.com.br/campanha.htm>. Acesso em: jun. 2006.

Agora responda:

a) Quais as semelhanças entre esse povo indígena e os primeiros grupos humanos que viveram na Terra?

_____

_____

_____

_____

b) Qual a diferença entre os awá-guajás e os primeiros grupos humanos?

_____

_____

_____

_____

6 Em dupla, faça uma breve história em quadrinhos mostrando as mudanças pelas quais os primeiros homens passaram com a revolução agrícola.

7 Em dupla, troque ideias sobre o que levou os primeiros homens a mudarem seu modo de viver, passando de nômades a sedentários e que transformações ocorreram no seu cotidiano a partir daí.

13

Contando o tempo

É por meio do estudo da História e da sua própria elaboração que podemos conhecer as realizações do homem em diferentes épocas e lugares, seu progresso, suas crises, suas formas de organização econômica e política, suas conquistas, seus costumes etc. Esse conhecimento é fundamental para entendermos o mundo.

O passado não está morto. Ele está presente em tudo o que nos rodeia, revelando-nos muito do que o homem realizou e produziu ao longo do tempo.

Hoje fazemos a história do nosso tempo, como nossos antepassados fizeram a deles. A história é sempre feita por todos, e não somente pelos governantes e heróis.

Conhecer a história e compreender o tempo em que vivemos é um modo de nos tornarmos capazes de exercer plenamente nossa cidadania.

A contagem do tempo é fundamental para a História.

O homem sempre se preocupou com a contagem do tempo e criou diferentes maneiras de fazê-lo.

Muitos povos elaboraram calendários próprios, usando como pontos de referência acontecimentos que consideravam importantes. Hoje encontramos vários calendários vigorando no mundo, como o cristão, o judeu, o árabe e o chinês.

Atualmente, a maioria dos povos ocidentais adota o **calendário cristão**, que tem como ponto de referência para a contagem do tempo o nascimento de Jesus Cristo.

Os astecas foram um povo que viveu na América antes da chegada dos europeus, no século XV. Seu calendário solar, também conhecido como Pedra do Sol, foi encontrado em 1790, quando eram realizadas algumas obras próximo à catedral da Cidade do México. No calendário dos astecas, o ano tinha 365 dias, distribuídos em 18 meses de 20 dias. Os cinco dias que restavam eram chamados de vazios, e os astecas acreditavam que eles traziam má sorte. Assim, nada de importante deveria ser feito nesse período.

							NASCIMENTO DE JESUS CRISTO							
		a.C. (antes de Cristo)					↑			d.C. (depois de Cristo)				
...8	7	6	5	4	3	2	1	2	3	4	5	6	7	8...

O ano 1 corresponde ao ano do nascimento de Jesus Cristo. A partir dele, começa a contagem – anos 2, 3, 4, 5, 6, 7, 8 etc., – até o ano em que estamos hoje.

Os anos anteriores ao nascimento de Cristo são contados em ordem decrescente. Nessas datas, devemos usar a abreviatura a.C. (antes de Cristo).

Para contar com mais facilidade períodos maiores de tempo, os anos podem ser agrupados em conjuntos de dez (década), de cem (século) ou de mil (milênio). A contagem em séculos é a mais usual, e eles são escritos em algarismos romanos. Dessa forma, partindo do ano 1, teremos, até o ano 100, o século I; do ano 101 até o ano 200, o século II, e assim por diante. Note que os séculos começam com a dezena **01** e terminam com a dezena **00**.

ANOS										
1 até 100	101 até 200	201 até 300	301 até 400	401 até 500	501 até 600	601 até 700	701 até 800	801 até 900	901 até 1000	1001 até 1100
SÉCULO										
I	II	III	IV	V	VI	VII	VIII	IX	X	XI

ANOS										
1101 até 1200	1201 até 1300	1301 até 1400	1401 até 1500	1501 até 1600	1601 até 1700	1701 até 1800	1801 até 1900	1901 até 2000	2001 até 2100
SÉCULO										
XII	XIII	XIV	XV	XVI	XVII	XVIII	XIX	XX	XXI

Reconstruindo a História

Para refazer a história da sua vida e da sua família, você, certamente, teria de conversar com seus pais, avós, tios e, quem sabe, com alguns amigos. Além disso, seria preciso conseguir alguns documentos, como certidões de nascimento, de casamento etc. Fotos, recentes ou antigas, também ajudariam muito. Em resumo, você teria de levantar todas as fontes que o auxiliariam em sua tarefa.

Reconstruir a História do homem é o trabalho do **historiador** e, para realizá-lo, ele terá de procurar todos os registros possíveis. Esses registros da presença do homem e de suas realizações são chamados de **fontes históricas**.

Arqueólogos do Instituto Nacional de Arqueologia, Paleontologia e Ambiente do Semiárido (INAPAS) trabalham no entorno do canal da Transposição do Rio São Francisco, em Salgueiro, PE. Foto de 2011.

Há registros não escritos, como **fósseis**, restos de objetos e alimentos, ossos, instrumentos etc.

A procura desses registros é objeto de estudo de outra ciência, a **Arqueologia**. Por meio deles, os arqueólogos procuram conhecer a vida e a cultura de povos do passado.

Existem também registros escritos – cartas, diários, constituições – e outros, como armas, moedas, monumentos, mapas, esculturas, retratos etc.

Essas fontes históricas podem dar origem a muitas interpretações por parte dos historiadores. Uma mesma fonte pode levar a conclusões diferentes sobre determinado período ou acontecimento de uma sociedade. Tudo depende do que o historiador está buscando, qual o problema do presente que ele está tentando solucionar ou a que pergunta ele está tentando responder.

Esse mapa do Brasil, parte do *Atlas Miller*, feito em 1519 por Lopo Homem e Pedro Reinel, é um importante registro histórico do século XVI.

A invenção da escrita teve grande importância para o conhecimento atual sobre os povos do passado. Por meio da linguagem escrita, muitos acontecimentos foram registrados e as gerações seguintes puderam mais facilmente saber deles.

O historiador interpreta os registros escritos que os povos deixaram, obtendo assim grande ajuda para reconstruir a História. Entretanto, os documentos escritos não são os únicos de que o historiador lança mão. A linguagem oral é também de extrema importância, porque muitas sociedades transmitem sua cultura de geração a geração por meio de relatos orais.

E no Brasil?

Sabemos que nas terras que hoje constituem o Brasil, antes da chegada dos europeus, viviam os índios. No entanto, se pensarmos bem, até mesmo o nome "índio" dado aos habitantes dessas terras é uma criação europeia. Esse nome foi adotado por engano, pois quando os europeus chegaram à América, pensaram que estavam na região das Índias.

Quem eram esses "índios"? De onde vieram os primeiros grupos humanos que habitaram não só a região que hoje é o Brasil, como também todo o continente americano?

Essa é uma questão que ainda está sendo estudada.

Arqueólogos trabalham nas pesquisas dos seres humanos que viviam na América há milhares de anos e muito já foi descoberto com o estudo dos fósseis, das pinturas rupestres e dos sambaquis. Entretanto, ainda há muito por fazer.

O fóssil humano mais antigo das Américas data de 11.500 anos e foi encontrado em 1975, em uma caverna em Minas Gerais, recebendo o nome de Luzia.

> ### Sambaqui
>
> É uma palavra tupi que significa "monte de conchas". Estão no litoral e nas margens dos rios e os moluscos nele encontrados serviram de alimento aos antigos habitantes. Muitas gerações sucediam-se nesse mesmo lugar, enquanto aí houvesse alimento. Assim, os montes de conchas deixados pelos habitantes e seus descendentes foi adquirindo a forma de colinas. Os sambaquis mais antigos do Brasil têm 8 mil anos e alcançam a altura de um prédio de dez andares. São importantes fontes de pesquisa, porque neles se encontram rica variedade de objetos e ossos que podem ser estudados.
>
> Adaptado de FUNARI, Pedro Paulo. *Antigos habitantes do Brasil*. São Paulo: Editora da Unesp, 2001. p. 14-15.

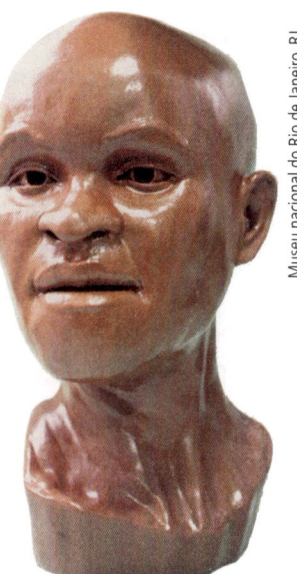

Reconstrução da face de "Luzia", de acordo com um **fóssil** encontrado em Lagoa Santa, MG.

Por enquanto, muitos estudiosos aceitam a hipótese de que os povos do continente americano teriam origem asiática. Esses povos podem ter vindo pelo Estreito de Bering, congelado em um período de glaciação. Outra possibilidade é que tenham navegado pelas ilhas do Oceano Pacífico, desde a Indonésia. Veja essas possíveis rotas no mapa a seguir.

Veja no mapa as possíveis rotas para os primeiros homens chegarem às Américas.

17

Pelos estudos realizados no Brasil, sabe-se que as antigas populações que aqui viveram apreciavam muito a pintura e a usavam nos corpos, na decoração de objetos de barro e nas paredes das cavernas. Praticamente em todas as regiões do país existem pinturas datadas de milhares de anos, representando animais, figuras humanas, cenas de dança, guerra e caça. As pinturas mais antigas estudadas até agora foram feitas há 10 mil anos.

Parque Nacional Serra da Capivara, São Raimundo Nonato, PI

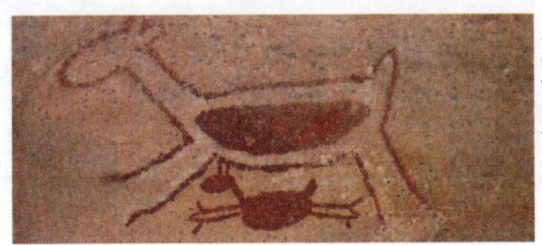

Pintura pré-histórica em caverna, encontrada na Toca do Boqueirão da Pedra Furada, Parque Nacional Serra da Capivara, São Raimundo Nonato, PI.

Estima-se que antigos habitantes da região amazônica ali chegaram há pelo menos 10 mil anos e nos deixaram cerâmicas de beleza única, originais que surpreenderam os europeus e continuam até hoje encantando quem as admira.

Há vários sítios arqueológicos espalhados pelo país.

Antonio Milena/Agência Estado/AE

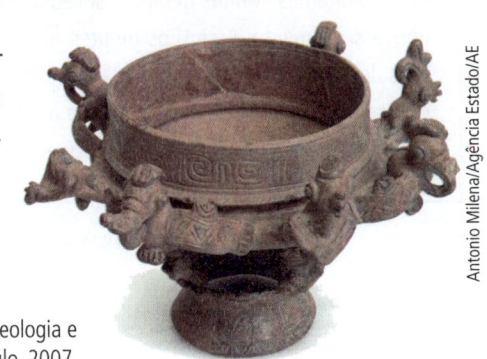

Cerâmica tapajônica, estilo Santarém (PA). Museu de Arqueologia e Etnologia da Universidade de São Paulo, 2007.

Mario Yoshida

Fonte: Museu de História Natural. UFMG. Disponível em: <www.comciencia.br>. Acesso em: jul. 2012.

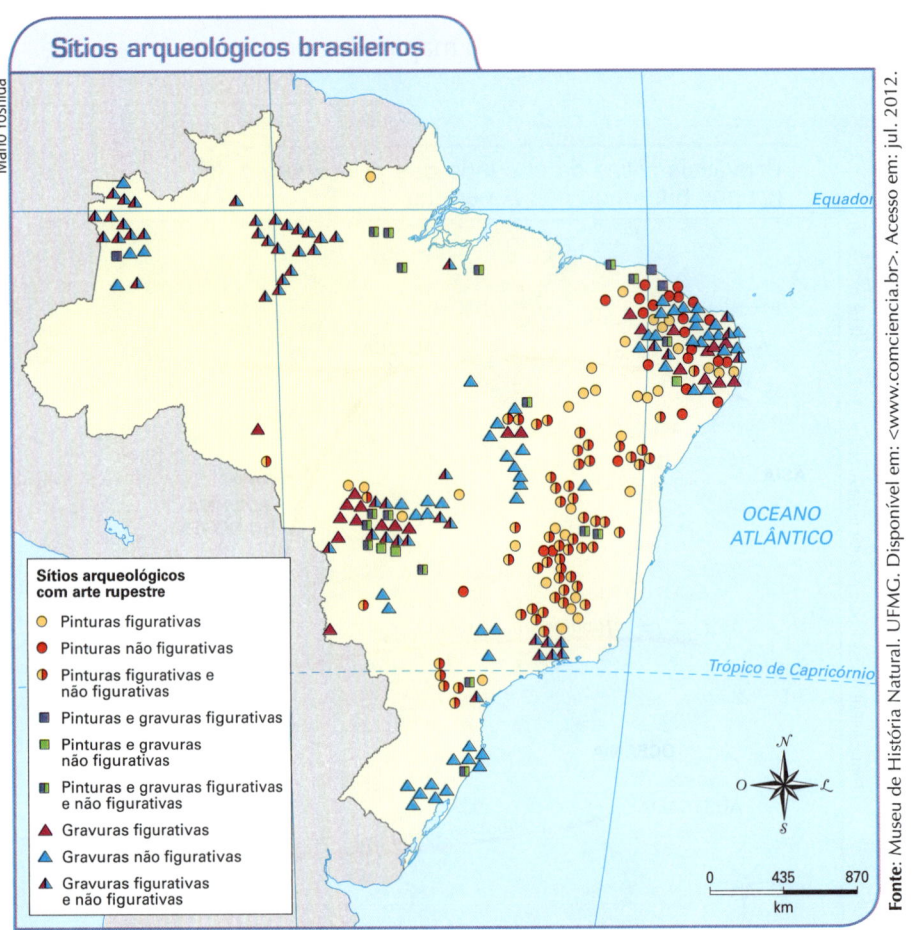

Veja no mapa onde se fazem pesquisas arqueológicas no Brasil.

ATIVIDADES

1) Leia as duas frases a seguir.
– A História deve salientar os grandes feitos dos reis e dos heróis, pois estes são as pessoas mais importantes da sociedade.
– Todas as pessoas são importantes para a História, porque todas atuam na construção das sociedades.
Com qual das duas afirmações você concorda? Por quê?

_____
_____
_____

2) Imagine que um historiador pretende estudar a década de 1990 no Brasil. Cite algumas fontes históricas a que ele poderia recorrer.

_____
_____
_____

3) Observe o mapa da página 16. Se você fosse um europeu do século XVI que nunca viajou para fora da Europa, que informações obteria sobre o Brasil observando esse mapa?

_____
_____
_____

4) Vimos a importância da escrita para a História, tanto que sua invenção é considerada o marco que inicia a História propriamente dita. Vamos pensar: apenas a escrita foi importante para o conhecimento no passado?

_____
_____
_____
_____

Refletindo

5 Você, como todas as pessoas, também constrói a História.
Pense e responda:
a) O que você mudaria no mundo em que vivemos hoje?

_____

_____

b) Como você poderia colaborar para efetuar essas transformações?

_____

_____

6 Converse com os colegas de classe sobre o que seria necessário para reconstruir a história de sua escola. Anotem as etapas de realização dessa tarefa e depois façam esse trabalho em grupo, apresentando o resultado para os demais colegas, em sala de aula.

7 O homem, desde o início de sua história, sempre agiu sobre a natureza, modificando-a.
Pense e responda:
a) As modificações que o homem faz na natureza são sempre positivas?

_____

_____

b) No mundo de hoje, você acha que há ações negativas do homem sobre a natureza? Quais são elas?

_____

_____

c) Cite uma atividade que você poderia realizar como cidadão preocupado em preservar a natureza e o meio ambiente.

_____

_____

Pesquisando

8 Organizados em pequenos grupos, sob orientação de seu professor, vamos conhecer um pouco sobre o trabalho arqueológico no Brasil. Cada grupo vai escolher um local, pesquisá-lo, organizar um cartaz-síntese, com imagens e legendas, e apresentá-lo à turma, fazendo uma breve explicação. Os cartazes serão expostos para todos no final. Aqui estão alguns exemplos de lugares, mas vocês podem escolher outros para a pesquisa.
   a) Pedra Furada – São Raimundo Nonato, no Piauí.
   b) Lapa Vermelha – em Pedro Leopoldo, Minas Gerais.
   c) Lagoa Santa – Minas Gerais.
   d) Gruta do Gentio – Minas Gerais.
   e) Monte Alegre – Pará.

Capítulo 2
AS NAVEGAÇÕES PORTUGUESAS

O governo português toma posse de terras na América

Quarta-feira, 22 de abril de 1500. Uma esquadra portuguesa, comandada por Pedro Álvares Cabral, chega a uma terra no ocidente, mais tarde chamada de Brasil. Alguns dias depois, o comandante toma posse da terra e a transforma em colônia de Portugal. Para entender como e por que isso ocorreu, vamos voltar no tempo.

No início do século XV, o mundo conhecido pelos europeus resumia-se ao seu próprio continente (Europa) e a partes da África e da Ásia.

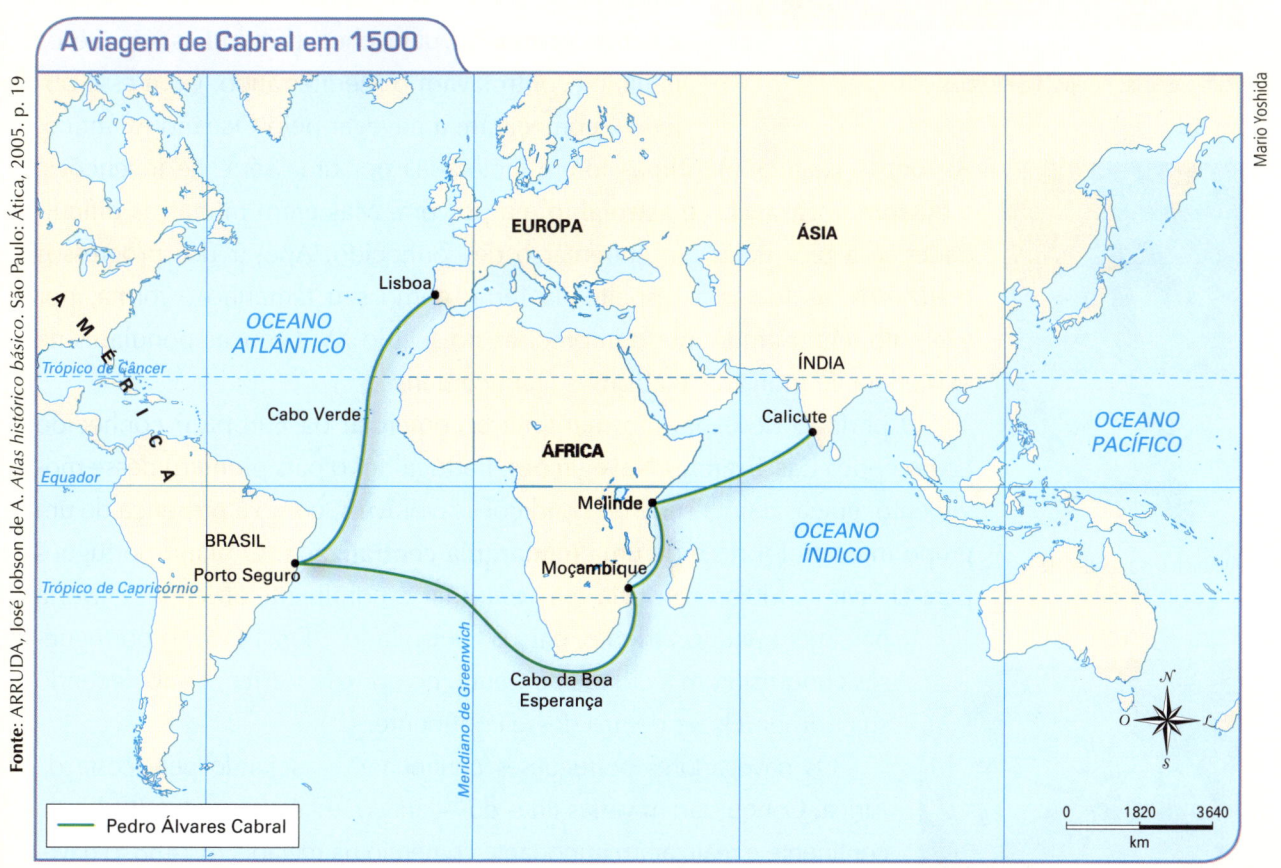

Pedro Álvares Cabral viajava com destino à Índia. Antes de chegar a Calicute, desviou a rota da expedição e tomou posse de terras americanas que seriam depois chamadas de Brasil.

Havia algumas informações a respeito da China e do Japão graças aos relatos de Marco Polo, um navegante da cidade de Veneza que, no século XIII, viajou pelo oriente.

Mercadores de algumas cidades da atual Itália, principalmente Veneza e Gênova, dominavam grande parte do comércio realizado no Mar Mediterrâneo.

Com seus navios, iam buscar produtos orientais nas cidades de Constantinopla e Alexandria e os vendiam por toda a Europa, obtendo um lucro bastante elevado.

Eram tecidos, perfumes, pedras preciosas e especiarias (cravo, canela, gengibre, noz-moscada, açafrão), muito usados para conservar os alimentos e deixá-los mais saborosos.

Retrato de Marco Polo em mosaico, feito por Enrico Pódio em 1867, como presente à cidade de Gênova, Itália.

Pimenta, canela, cravo, temperos e outras especiarias que eram preciosas na época das Grandes Navegações.

Produzidos na região chamada de Índias, composta pelas regiões situadas entre o Extremo Oriente e a Índia propriamente dita, esses produtos percorriam um longo trajeto por terra e por mar até chegarem ao consumidor europeu.

Para também lucrar, as classes mercantis e os governos de alguns países europeus ambicionavam entrar nesse comércio. Contudo, teriam de descobrir um novo caminho para chegar às Índias, já que os italianos controlavam o Mediterrâneo. Com esse objetivo, começaram a navegar pelo Oceano Atlântico.

As longas viagens marítimas foram facilitadas por uma série de invenções: a **bússola**, a **caravela**, o **astrolábio** e a pólvora. Mas eram muitas as dificuldades, e a pior delas era enfrentar o desconhecido. Apesar dos progressos realizados, as ideias a respeito da Terra, como seu tamanho e forma, por exemplo, eram ainda muito imprecisas no século XV. Crenças populares na existência de monstros e abismos eram comuns.

O período de expansão marítima e comercial da Europa é conhecido como época das **Grandes Navegações**. Portugal foi o país pioneiro desse movimento, graças a uma série de condições favoráveis, como a presença de um grupo mercantil forte e de uma **monarquia centralizada**. O plano português para chegar às Índias consistia em contornar o continente africano. Haveria passagem para o Oriente, para o "outro lado"? Em 1415, os portugueses conquistaram a cidade de Ceuta, no norte da África, estabelecendo sua primeira base dentro desse continente.

Astrolábio português de bronze de 1555.

Bússola, 2005.

Os navegadores portugueses continuaram velejando pela costa da África. Conquistaram várias ilhas do Atlântico, estabeleceram **feitorias** no continente e realizaram importante comércio na região. Em 1488, o navegante Bartolomeu Dias contornou o Cabo da Boa Esperança, comprovando a ligação entre os oceanos Atlântico e Índico.

Detalhe de pintura em um portal, na cidade de Trastámara, Espanha, representando os reis Fernando de Aragão e Isabel de Castela. Início do século XVI.

Cristóvão Colombo retratado pelo pintor Ridolfo Ghirlandaio em 1520.

No ano de 1492, o governo da Espanha também determinou o início de viagens marítimas. Os reis espanhóis, Fernando e Isabel, aceitaram o plano do navegante genovês Cristóvão Colombo e lhe forneceram três caravelas.

Colombo planejou viajar em direção ao ocidente para atingir o oriente. Mas em que se inspirou Colombo para chegar à noção de que alcançaria as Índias pelo ocidente? Em relatos de viajantes, como Marco Polo, e em cálculos feitos por estudiosos na Antiguidade e também por seus contemporâneos. Após dois meses de viagem, em 12 de outubro de 1492, a expedição atingiu uma pequena ilha. Colombo pensou que havia chegado às Índias e, por isso, chamou os habitantes de índios. Entretanto, era uma das ilhas de um novo continente, mais tarde chamado de América.

ATIVIDADES

1. Um lucrativo comércio impulsionou alguns países europeus a iniciarem o movimento das Grandes Navegações. Explique que comércio era esse e quem o controlava.

_____
_____
_____
_____
_____

2 Portugal foi o país pioneiro no movimento das Grandes Navegações. Condições favoráveis contribuíram para isso. Quais foram algumas delas?

_____
_____
_____
_____

3 Apresente alguns problemas que os navegadores enfrentavam para navegar pelos oceanos.

_____
_____
_____

4 A bússola e a pólvora, entre outras, foram importantes invenções que auxiliaram as viagens marítimas. Leia este texto:

Estamos acostumados a pensar nos grandes feitos da navegação portuguesa e da espanhola isoladamente. Muitas vezes não nos damos conta de que a bússola foi invenção dos chineses e de que as suas embarcações eram capazes de responder adequadamente tanto às necessidades do comércio como da guerra. [...] As bibliotecas assustariam qualquer europeu pela quantidade de volumes e a forma com que os livros eram compostos.

THEODORO, Janice. *Pensadores, exploradores e mercadores*. São Paulo: Scipione, 1994. p. 13-15.

Sob a orientação de seu professor, discutam a importância da herança cultural no processo das grandes navegações.

5 Qual era a rota portuguesa para atingir as Índias?

_____
_____

6 Qual o segundo país a sair para as navegações no Oceano Atlântico?

_____

7 Qual o plano de Colombo para atingir as Índias?

_____
_____

Portugal e Espanha: o mundo dividido

Durante anos e anos, Portugal foi o único país a fazer longas viagens marítimas, mas a concorrência espanhola, a partir de 1492, preocupou o rei português. Ele temia que os espanhóis descobrissem, antes dos portugueses, o novo caminho para as Índias e, com isso, passassem a controlar terras e rotas comerciais dos produtos de luxo e das especiarias.

A disputa entre Portugal e Espanha foi levada à mediação do papa Alexandre VI. Sua decisão, apresentada na *Bula Inter Coetera*, foi a seguinte: uma linha demarcatória imaginária passaria a 100 léguas a oeste das Ilhas de Cabo Verde. As terras que fossem descobertas e que ficassem a oeste dessa linha pertenceriam à Espanha, e as que ficassem a leste, a Portugal.

Demonstrando que já sabia da existência de terras no ocidente, o governo português não aceitou a decisão do papa e exigiu da Espanha um novo acordo. Em 1494, foi assinado o Tratado de Tordesilhas estabelecendo um meridiano imaginário, traçado de polo a polo, a 370 léguas a oeste das Ilhas de Cabo Verde. As terras situadas a oeste desse meridiano pertenceriam à Espanha, e a leste, a Portugal.

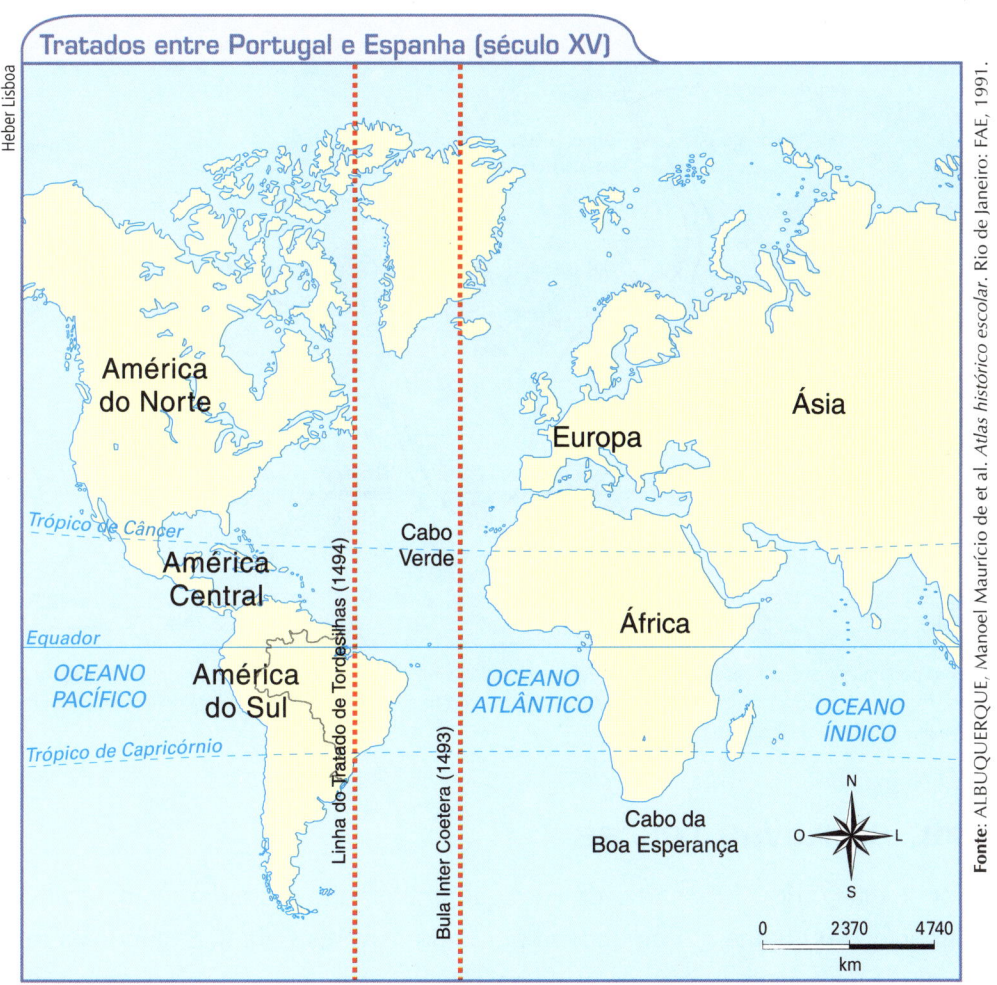

A decisão da *Bula Inter Coetera* prejudicou Portugal, pois não havia terras conhecidas na porção que lhe cabia. Já pelo Tratado de Tordesilhas, Portugal ficou com o domínio das rotas do Atlântico Sul, o que lhe possibilitava tomar posse de terras ocidentais que provavelmente já sabia existirem. Antes mesmo de tomar posse oficial do território que viria a ser o Brasil, o governo português ficou com uma boa parte do território, que ia das atuais cidades de Belém, no Pará, a Laguna, em Santa Catarina. Esse território corresponde a um terço do Brasil atual.

25

Os portugueses chegam às Índias

Com o objetivo de chegar às Índias, o rei de Portugal, D. Manuel I, em 1497, ordenou que se organizasse uma pequena esquadra e deu o comando a Vasco da Gama. A expedição enfrentou muitos problemas durante a viagem: doenças, tempestades, calmarias, correntes marítimas contrárias, conflitos com povos da costa oriental da África e morte de muitos tripulantes. Em 20 de maio de 1498, Vasco da Gama atingiu a cidade de Calicute, na Índia, um importante centro de comércio.

No ano seguinte, regressou a Portugal, com menos da metade de sua tripulação, mas com os navios carregados de mercadorias orientais, que proporcionaram significativo lucro ao governo.

Finalmente estava descoberto o caminho marítimo para as Índias e o governo português, beneficiando a classe mercantil do país, poderia controlar o comércio dos artigos de luxo e especiarias, quebrando o **monopólio** das cidades italianas.

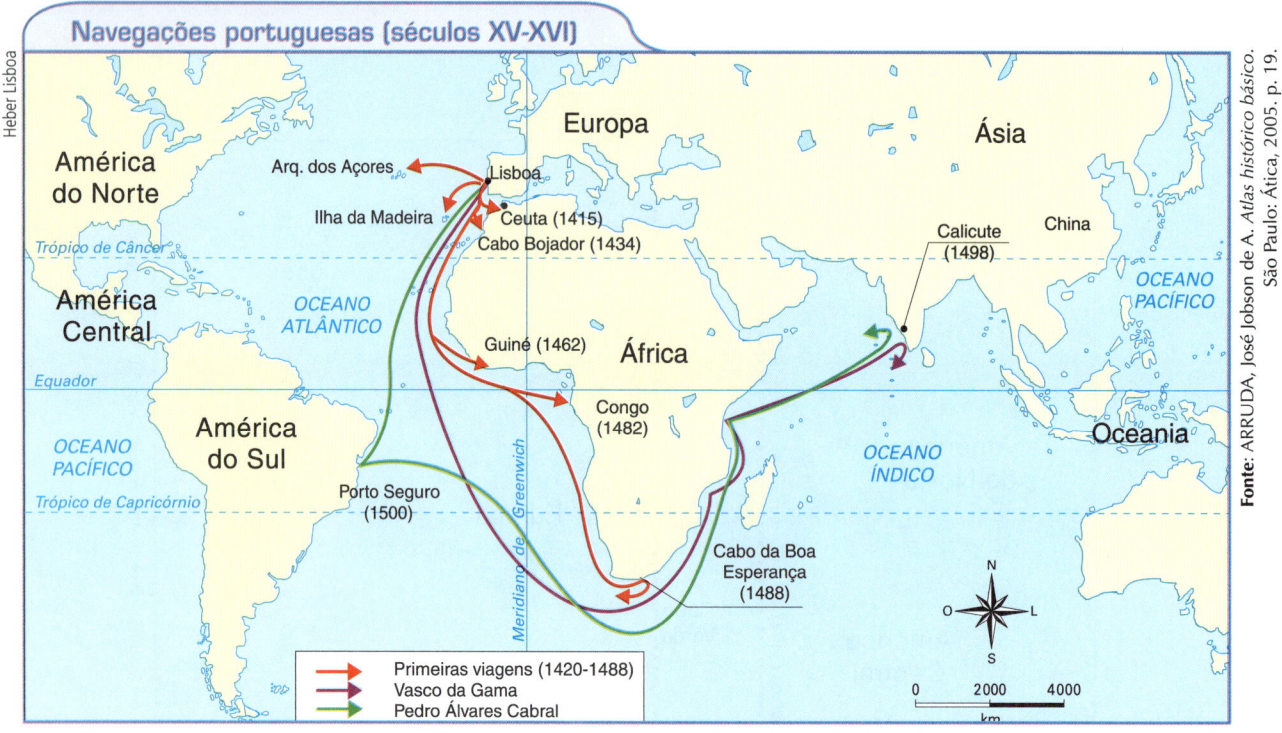

O plano do governo português era atingir as Índias contornando o continente africano. Observe no mapa algumas das viagens dos portugueses. Veja que, para conseguir seu objetivo, eles levaram muitas décadas. No continente africano, os portugueses obtinham produtos, como ouro, marfim e escravos, que vendiam na Europa com bom lucro.

Agora, as novas terras

No dia 9 de março de 1500, partiu de Portugal uma grande esquadra, com 13 embarcações e aproximadamente 1500 homens, comandada por Pedro Álvares Cabral. Segundo as instruções do rei, D. Manuel I, o Venturoso, o objetivo principal dessa viagem era estabelecer relações políticas e comerciais nas Índias.

Na altura das Ilhas de Cabo Verde, as embarcações começaram a se afastar das costas africanas e a seguir na direção sudoeste. Após 43 dias de viagem, os portugueses avistaram terra e as naus se aproximaram da costa.

26

Assim descreve o escrivão, Pero Vaz de Caminha, em sua carta:

> E quarta-feira seguinte, pela manhã, topamos aves a que chamam fura-buchos. Neste mesmo dia, a horas de véspera, houvemos vista de terra! A saber, primeiramente de um grande monte, mui alto e redondo; e de outras serras mais baixas ao sul dele; e de terra chã, com grandes arvoredos; ao qual monte alto o capitão pôs nome o Monte Pascoal, e à terra de Vera Cruz.
>
> FENELON, Déa Ribeiro. A carta de Pero Vaz de Caminha. In: *Textos de História do Brasil*. São Paulo: Hucitec, 1986. p. 21.

Aportaram num local que denominaram Porto Seguro, ao sul do atual estado da Bahia. No dia seguinte, ocorreu o primeiro contato entre os portugueses e os habitantes da terra. Dois deles foram levados à presença do capitão.

Leia o relato do encontro entre os habitantes da terra e os portugueses, de autoria de Pero Vaz de Caminha:

> Quando eles vieram a bordo, o capitão estava sentado em uma cadeira, bem vestido, com um colar de ouro muito grande no pescoço. [...]
>
> Um deles fixou o olhar no colar do capitão e começou a acenar para a terra e, logo em seguida, para o colar, como se quisesse dizer que na terra havia ouro. Fixou igualmente o olhar em um castiçal de prata e, da mesma maneira, acenava para a terra como se quisesse dizer que ali havia prata. Nós assim entendemos, porque este era o nosso maior desejo.
>
> Em seguida, mostramos a eles um papagaio que o capitão trazia. Pegaram-no logo na mão. Mostramos um carneiro, não fizeram caso dele. Uma galinha, quase tiveram medo dela. Oferecemos comida: pão, peixe cozido, confeitos, bolos, mel e figos secos. Não quiseram comer quase nada. Quando provaram alguma coisa, logo cuspiram com nojo.
>
> TORRES, Adriana; PEREIRA, André (Adaptação). *Carta de Pero Vaz de Caminha*. São Paulo: Ao Livro Técnico, s.d.

A esquadra permaneceu poucos dias na nova terra. Os portugueses fizeram um rápido reconhecimento da região e não encontraram as especiarias e o tão desejado ouro, mas viram árvores de uma madeira muito apreciada pelos europeus, conhecida na Europa como pau-brasil.

No dia 1º de maio, alguns homens ergueram uma grande cruz de madeira na praia e nela colocaram uma bandeira com o brasão da Coroa portuguesa. Em seguida, frei Henrique Soares celebrou uma missa. O comandante tomou posse oficial da terra em nome do governo português. No dia seguinte, depois de se abastecer de água potável e alimentos, a expedição portuguesa seguiu viagem para as Índias. Uma das naus voltou para Portugal, levando para o rei a carta de Pero Vaz de Caminha, na qual descreveria a viagem, a terra encontrada e seus habitantes.

Museu Nacional de Belas Artes, Rio de Janeiro, RJ

A Primeira Missa no Brasil. Esse quadro foi pintado em 1861, por Victor Meirelles, que apresentou a missa rezada por frei Henrique Soares como o marco inicial da história do Brasil. Era a visão romântica do artista do século XIX, valorizando a civilização cristã ocidental.

Acaso ou intencionalidade

Durante muito tempo houve a suposição de que a chegada dos portugueses ao Brasil havia sido casual. Afirmava-se que a esquadra havia se afastado demais do litoral africano para evitar as calmarias. Após longas pesquisas, muitos historiadores hoje defendem a tese da intencionalidade. Para eles, a esquadra de Cabral possuiria dois objetivos: o principal seria o de estabelecer relações políticas e comerciais com as Índias e o outro, o de oficializar a posse de terras que já sabiam existir. Os principais argumentos em favor dessa tese são:

- os portugueses eram hábeis na arte da navegação e não errariam o rumo da viagem, ainda mais porque navegantes experientes faziam parte da esquadra de Cabral;
- segundo a carta de Caminha, a viagem foi realizada sem contratempos;
- a exigência de outro tratado (Tordesilhas) que substituísse a *Bula Inter Coetera* constituiu um indício claro de que Portugal sabia da existência de terras ocidentais;
- a expedição de Duarte Pacheco Pereira, que, dois anos antes, havia atingido terras no ocidente. Em sua obra *Esmeraldo de Situ Orbis*, escrita em 1505 e só descoberta no século XIX, esse navegador fala de sua viagem:

"[...] Vossa Alteza mandou descobrir a parte ocidental passando além da grandeza do mar oceano, onde foi achada uma grande terra com muitas e grandes ilhas adjacentes a ela, que se estende a setenta graus de lado da linha equinocial contra polo ártico... e tanto se dilata a sua grandeza e corre com mui largura, que de uma parte nem de outra foi visto nem sabido o fim e cabo dela [...]"

Brasil, colônia de Portugal

Quando os portugueses tomaram posse das terras americanas, Portugal passou à condição de **metrópole** e o Brasil, à de **colônia**. A metrópole tomava todas as decisões políticas, econômicas, sociais etc., às quais a colônia deveria obedecer.

O monopólio comercial da metrópole era a base de sustentação de todo o sistema colonial. Essa política de controlar totalmente o desenvolvimento econômico da colônia fazia parte de um conjunto de ações destinadas a fortalecer o poder do Estado e a torná-lo cada vez mais rico.

A metrópole garantia para si a aquisição de todos os produtos coloniais, pagando por eles um preço mínimo. Ao mesmo tempo, exigia que os colonos produzissem apenas os bens que ela quisesse.

A metrópole levava dupla vantagem: vendia os produtos coloniais na Europa e fornecia produtos europeus às colônias.

Nessa época, alguns Estados europeus, entre eles Portugal e Espanha, seguiam uma série de regras econômicas cuja finalidade era enriquecer e se tornar poderosos. Por exemplo, o Estado controlava e fiscalizava a economia, procurava acumular metais preciosos nos cofres do país, buscava manter a exportação maior que a importação e aplicava o protecionismo alfandegário, ou seja, cobrava impostos elevados sobre os produtos importados para desestimular sua compra e incentivar a produção nacional. O conjunto dessas práticas, que podiam variar de país para país, foi denominado de **mercantilismo** pelos historiadores do século XIX.

ATIVIDADES

1) Responda às perguntas.

a) Por que o governo de Portugal ficou preocupado com a concorrência espanhola no movimento das Grandes Navegações?

_____
_____
_____
_____
_____

b) O que foi o Tratado de Tordesilhas?

_____
_____
_____
_____

c) Qual a importância da descoberta do caminho marítimo para as Índias para o governo português e para o grupo mercantil de Portugal?

_____
_____
_____
_____

d) Com a tomada de posse, as terras que constituiriam o Brasil passaram a ser uma colônia de Portugal. O que isso significa?

_____
_____
_____
_____
_____

2 A seguir, está uma afirmação em que alguns estudiosos acreditavam. Escreva a versão considerada hoje mais apropriada.

O Brasil foi descoberto por acaso, devido a um erro de rota da esquadra de Cabral.

_____

_____

_____

Refletindo

3 Leia novamente o primeiro trecho da carta de Caminha, na página 27. Por esse documento é possível obter algumas informações sobre as terras de que os portugueses tomaram posse. Cite as que você considerar mais importantes.

_____

_____

_____

4 Releia o segundo trecho da carta de Caminha na página 27. Em sua opinião, o que o escrivão relatou ao rei com mais entusiasmo?

_____

_____

5 Baseado na leitura atenta dos trechos da carta de Caminha, ilustre-a. Faça um belo trabalho!

Pesquisando

6 Atualmente é possível viajar em navios rápidos, confortáveis e seguros. Mas, para os homens dos séculos XV e XVI, navegar em caravelas era uma grande aventura. Pesquise, em jornais, revistas, livros e na internet, como transcorriam essas viagens, quais os problemas que os marinheiros enfrentavam, como se alimentavam, quais eram as condições de higiene. Escreva um pequeno texto e depois compare-o com os dos seus colegas, anotando as semelhanças e as diferenças entre eles.

Trabalhando com mapas

7 Observe o mapa dos tratados entre Portugal e Espanha, da página 25, e responda:

a) Pelo Tratado de Tordesilhas, que país ficava com a maior parte das terras americanas?

_____

b) O estado em que você mora fica em terras que pertenciam a Portugal ou à Espanha?

_____

30

Capítulo 3
Os povos indígenas do Brasil

As novas terras tinham dono

Quando os europeus chegaram ao continente americano, já havia muitos povos que aqui viviam, adaptados às exuberantes florestas e em contato com as mais diferentes espécies animais.

Dividiam-se em muitas tribos e nações e ocupavam todo o território que hoje é nosso país. Alguns desses povos chamavam o local em que viviam de Pindorama (região ou terra de palmeiras).

Indígenas Xavantes, da etnia Marãiwatséde, comemoram com dança tradicional a retomada de suas terras, em agosto de 2010.

Aldeia Ipatse, localizada no Parque Indígena do Xingu, é a principal comunidade dos Kuikuro. Foto de 2010.

Os europeus, como vimos, por acharem no início que haviam chegado às Índias, passaram a chamar os habitantes das Américas de índios ou indígenas. Então, para eles, todos os indivíduos aqui encontrados eram índios, um termo genérico, que não levava em conta diferenças de língua, costumes, aspectos físicos etc.

Entretanto, apesar de pertencerem a grupos diferentes, nações com línguas e hábitos distintos, esses povos tinham algumas características comuns. Muitas dessas características permanecem até hoje. Organizam-se em tribos que se subdividem em aldeias ou tabas. Cada aldeia tem um chefe e é formada por um conjunto de habitações geralmente coletivas.

Para conseguir alimento, coletam frutos e plantas silvestres, caçam, pescam e plantam mandioca, batata-doce, milho, pimenta e alguns outros produtos.

A agricultura é rudimentar. Limpam o terreno para o plantio, derrubando a mata, que, depois de seca, é queimada. Essa prática é denominada **coivara**.

Pintura corporal em crianças indígenas da etnia Caiapó revela preservação dos costumes. Foto de 2011.

Havia (e ainda há) divisão de tarefas nas comunidades indígenas. Os homens derrubavam as matas e preparavam a terra para o plantio. Além disso, pescavam, caçavam, confeccionavam as canoas, os arcos, as flechas, os adornos e participavam das expedições guerreiras.

Às mulheres competia todo o trabalho agrícola, do plantio até a colheita. Também coletavam frutos da floresta, fabricavam a farinha e o **cauim**, que é uma bebida feita de milho. Teciam as redes, faziam os trabalhos de cerâmica, os serviços domésticos e cuidavam das crianças.

As crianças indígenas são respeitadas, valorizadas e educadas por meio do exemplo e do carinho dos mais velhos.

O mato não pode acabar

Por isso, não cortamos pau à toa. Nós só cortamos pau precisando fazer casa, precisando fazer fogo, precisando fazer canoa, precisando fazer **pinguela**, precisando fazer arco. Só quando é preciso.
Nós também não matamos bichos à toa.
Só matamos a caça para comer.
Matamos peixes para comer.
Só matamos as aves para comer.
Nós não acabamos com os bichos, com os peixes, com as aves.

PAULA, Eunice D. de. *História dos povos indígenas*. 500 anos de luta no Brasil. Petrópolis: Vozes, 2001.

Grupo indígena kuikuro faz apresentação em aldeia Ipatse, dentro do Parque Indígena do Xingu. Foto de 2010.

> É o pessoal todo da aldeia
> que vai ensinando para as crianças.
> O vovô faz para o neto flecha pequena
> faz arco pequeno.
> O vovô faz para a neta pilão pequeno.
> A vovó faz para a neta panela pequena.
> Nosso jeito de ensinar é assim:
> Gente grande
> trabalha
> Criança espia
> e aprende.
>
> PAULA, Eunice D. de. *História dos povos indígenas.* 500 anos de luta no Brasil. Petrópolis: Vozes, 2001.

Aldeia Negarotê, em Nambiquara, MT, 2012.

Há costumes que perduram até nossos dias. Por exemplo, esses povos acreditam em várias divindades. Cabe ao pajé cuidar das cerimônias e assuntos religiosos e manter as tradições do grupo. Ele conhece bem as plantas e delas extrai remédios.

Os indígenas apreciam a música e a dança. Tocam e dançam nas festas em comemoração às plantações, à colheita e nas cerimônias religiosas. Possuem vários instrumentos musicais.

Em ocasiões especiais, usam adornos de plumas, colares, cocares etc. Pintam o corpo com tintas extraídas de plantas, como o urucum e o jenipapo.

Entretanto, os indígenas não são mais donos dessas terras. Isso porque, um dia, vindos de Portugal, um país distante, desembarcaram aqui homens brancos, trazendo consigo vários objetos estranhos aos índios, como as armas de fogo. Chamaram aos habitantes da terra de índios e disseram que a terra era deles. A terra passou a ser conhecida como ilha de Vera Cruz. Depois seu nome foi mudado para Terra de Santa Cruz e, mais tarde, Brasil.

ATIVIDADES

1) Pelo relato da página 32, "O mato não pode acabar", como você percebe que os indígenas agem em relação à natureza? Eles a respeitam?

_____
_____
_____

2) Atualmente, os homens também respeitam sempre a natureza? Justifique a sua resposta e dê exemplos.

_____
_____
_____

33

3 A coivara é usada até hoje no Brasil, antes do plantio da terra. Explique o que é essa prática e converse com seus colegas sobre se é boa ou ruim para a natureza.

_____
_____
_____
_____

4 Apesar de pertencerem a grupos diferentes, os povos que habitavam as terras que deram origem ao Brasil tinham algumas características comuns. Quais eram elas?

_____
_____
_____
_____
_____

5 Havia e ainda há entre os povos indígenas uma divisão de trabalho entre os homens e as mulheres. Coloque M para as atividades realizadas pelas mulheres e H as atividades feitas pelos homens.

a) Derrubar matas. ( )

b) Plantar. ( )

c) Coletar frutos da floresta. ( )

d) Preparar a terra para o plantio. ( )

e) Tecer redes. ( )

6 Como os povos indígenas tratavam e ainda tratam as crianças?

_____
_____
_____

7 Como as crianças indígenas aprendem os costumes de seu povo?

_____
_____
_____
_____

8 Organizados em pequenos grupos, sob orientação de seu professor, façam uma pesquisa sobre os diferentes povos indígenas no Brasil no passado e no presente, segundo o roteiro a seguir:

a) Cada grupo recebe o nome de um ou dois povos indígenas brasileiros.

b) Pesquisem esse povo: localização no passado; tipo de moradia e organização; atividades produtivas; crenças e costumes; situação atual.

c) Organize um cartaz com as informações principais e com imagens.

d) Todos os grupos deverão apresentar seu trabalho para a sala e explicá-lo.

9 Conheça esta letra de música:

CHEGANÇA

Sou Pataxó
Sou Xavante e Cariri
Ianomâmi, sou Tupi.
Guarani, sou Carajá.
Sou Pankararu
Carijó, Tupinajé
Potiguar, sou Caeté.
Fulni-ô, Tupinambá.
Depois que os mares
Dividiram os continentes
Quis ver terras diferentes
Eu pensei, vou procurar
Um mundo novo,
Lá depois do horizonte
Levo a rede balançante
Pra no sol me espreguiçar.
Eu atraquei
Num porto muito seguro
Céu azul, paz e ar puro...
Botei as pernas pro ar
Logo sonhei
Que estava no paraíso
Onde nem era preciso
Dormir pra sonhar
Mas, de repente,
Me acordei com a surpresa:
Uma esquadra portuguesa
Veio na praia atracar.
Da Grande-nau,
Um branco de barba escura
Vestindo uma armadura
Me apontou pra me pegar
E assustado
Dei um pulo lá da rede
Pressenti a fome, a sede,
E pensei vão me acabar
Me levantei
*De **borduna** já na mão*
Aí senti no coração
O Brasil vai começar.

NÓBREGA, Antônio; FREIRE, Wilson. *Madeira que cupim não rói*. Eldorado, 1997.CD.

a) Escreva nomes de povos indígenas citados na letra da música.

_____

_____

b) Segundo a letra da música, a chegada dos portugueses causaria problemas aos índios e assinalaria o início do Brasil. Qual a reação dos índios?

_____

_____

Os povos indígenas do Brasil

Durante a expansão marítima e comercial, os portugueses, interessados em conquistar novas regiões, consideravam-se com o direito de apossar-se de todas as terras que encontravam, sem se preocupar se eram povoadas ou não.

Em 1500, quando da chegada da expedição portuguesa comandada por Cabral, o território do Brasil atual já era ocupado por aproximadamente 6 milhões de pessoas, com costumes e crenças bem diferentes dos que tinham os europeus. Os portugueses, interessados nas riquezas da nova terra, viam essas pessoas como povos a serem dominados.

Pintura em óleo sobre tela *Desembarque de Pedro Alvares Cabral em Porto Seguro em 1500*, produzida por Oscar Pereira da Silva em 1922, é uma interpretação do autor sobre o primeiro encontro de portugueses e indígenas no Novo Mundo.

Durante o domínio português e até os dias atuais, massacres, escravidão, doenças e privações levaram ao extermínio de grande número de indígenas e muitas tribos desapareceram.

A guerra, a cachaça e a doença

Os portugueses, que agora se julgavam os novos donos da terra, não respeitavam a vida comunitária dos povos que aqui viviam. Entravam nas aldeias, roubavam e destruíam suas roças, obrigavam os indígenas a trabalhar como escravos, na base de chicote. Essa situação era tão dura que muitos morriam de doenças ou tristezas. Outros se entregavam à bebida, maneira que encontravam para esquecer os sofrimentos do cativeiro.

Mas a principal causa das mortes no Brasil indígena foi a chegada de novas doenças vindas da Europa e da África, como o sarampo, a varíola, a malária e a febre amarela. Aldeias inteiras ficaram despovoadas por causa dessas doenças, que avançavam, com seu poder destruidor, mais rápido que os próprios soldados.

PRÉZIA, Benedito; HOORNAERT, Eduardo. *Esta terra tinha dono*. São Paulo: Cimi/FTD, 2000. p. 72-73.

Os tupis, habitantes do litoral, foram os primeiros a entrar em contato com os colonizadores portugueses e, por isso, são os mais conhecidos. Sobre eles há vários relatos feitos por viajantes e padres que aqui se fixaram. São descritos seus hábitos e costumes, aspectos da vida cotidiana, organização, forma como conseguiam os alimentos etc. Faziam parte desse povo, entre outras, as tribos dos tupinambás, caetés, tupiniquins, tabajaras, carijós.

Indígenas pertencentes ao troco Tupi, no Xingu, Querência, MT. Foto de 2011.

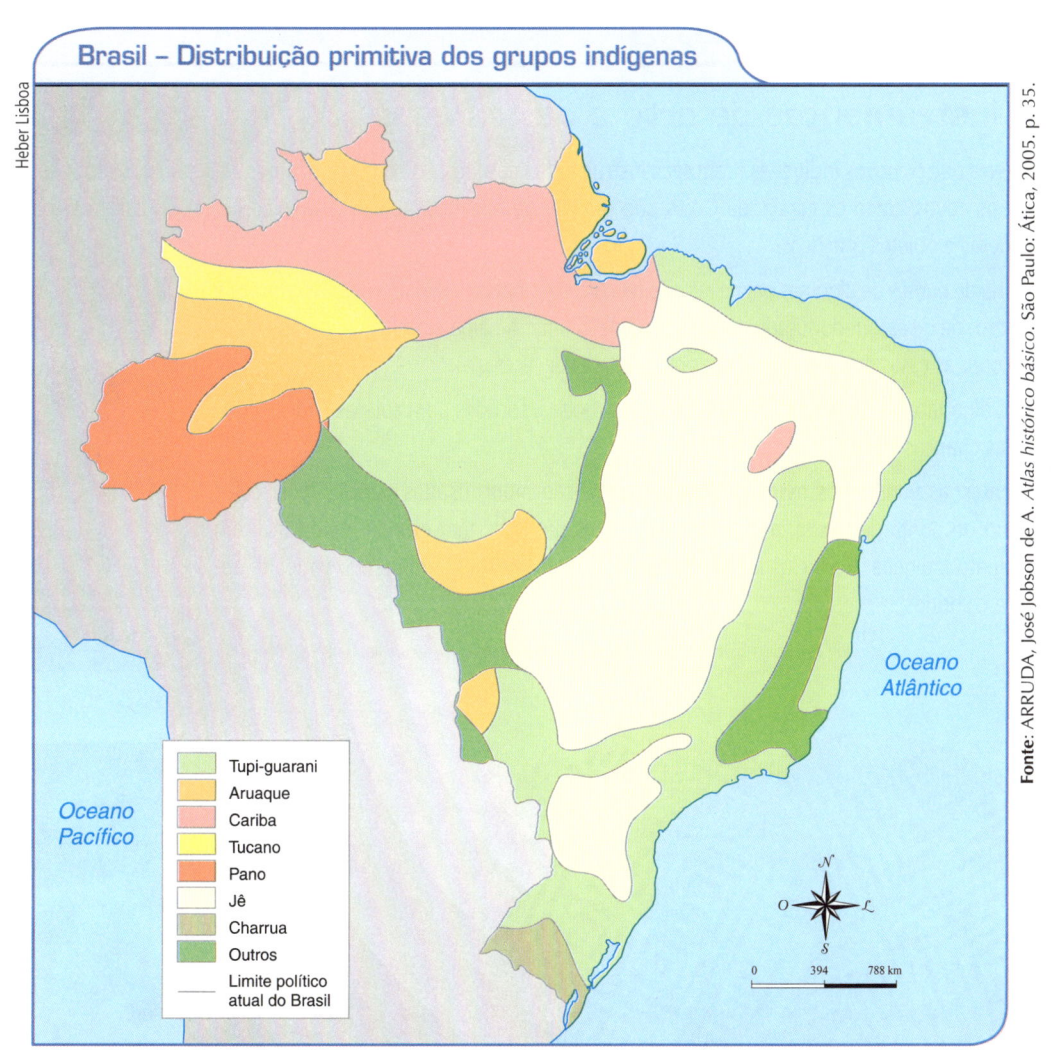

Brasil – Distribuição primitiva dos grupos indígenas

- Tupi-guarani
- Aruaque
- Cariba
- Tucano
- Pano
- Jê
- Charrua
- Outros
- Limite político atual do Brasil

Fonte: ARRUDA, José Jobson de A. *Atlas histórico básico*. São Paulo: Ática, 2005. p. 35.

O mapa mostra a distribuição dos grupos indígenas, em 1500, no território do Brasil atual. Observe a localização dos maiores grupos. Os **tupi-guaranis** habitavam o litoral e alguns pontos do interior. Os **jês** ocupavam parte do interior, principalmente o Planalto Central; os **aruaques** e os **caribas** localizavam-se na região amazônica. Havia muitos outros grupos menores, como os **cariris**, **panos**, **tucanos**, **charruas** etc.

A terra era de todos

Os povos indígenas viam a terra como uma propriedade coletiva, dela dependendo a sobrevivência de todos. Cada aldeia detinha a propriedade da terra que ocupava e a utilizava de forma comunitária, ou seja, o trabalho destinado à sobrevivência da aldeia era realizado com a colaboração de todos os seus membros. Essa propriedade era respeitada pelas demais aldeias.

O sustento da aldeia era conseguido por meio da caça, da pesca, da coleta de frutos e raízes e de uma agricultura rudimentar. Cultivavam mandioca, batata-doce, pimenta e alguns cereais. No sul do Brasil, o milho era o alimento mais utilizado.

> A terra não é de um dono só.
> A roça também não é de um dono só.
> Ninguém faz roça sozinho,
> As coisas da roça,
> a gente divide com os parentes.
> Divide com quem está precisando.
> Cada povo divide de um jeito.
> A caça também não é de um dono só.
> Quando alguém mata um bicho para comer,
> ele não come sozinho.
> Ele sempre divide.
> Quando mata um peixe, divide.
> Quando faz comida, divide.
> Quando faz bebida, divide.
> Sempre divide.
>
> PAULA, Eunice D. de. *História dos povos indígenas.* 500 anos de luta no Brasil. Petrópolis: Vozes, 2001.

Os instrumentos de arte e de trabalho

É da terra que os povos indígenas tiram seus instrumentos caseiros. As panelas, os potes e as gamelas são feitos de barro, e alguns povos, como os carajá, de Goiás, são grandes ceramistas, fabricando não só utensílios caseiros como também estatuetas e objetos artísticos.

Da folha de buriti e de algumas palmeiras, são feitos cestos, bolsas, esteiras, peneiras, abanos e tipiti, espécie de escorredor usado na fabricação de farinha. A palha ainda é muito importante para cobrir as casas ou para fazer roupas ou máscaras de festas.

Com o algodão, fazem tangas, redes, braçadeiras, bolsas, cordões para colares e faixas para levar as crianças de colo. [...]

Os dentes, as unhas e os ossos de certos animais são muito usados para se fazer colar, pulseira ou ponta de flecha, e as penas de muitos pássaros têm grande importância no artesanato indígena. Com elas fazem verdadeiras obras-primas, combinando vários tamanhos e coloridos.

PRÉZIA, Benedito; HOORNAERT, Eduardo. *Esta terra tinha dono.* São Paulo: Cimi/FTD, 2000. p. 57.

Cerâmica indígena.

Peneiras indígenas.

Arte plumária.

Os indígenas retiravam da natureza apenas o que necessitavam. Quando derrubavam algumas árvores, era para obter um local para a lavoura e madeira para construir suas ocas, canoas e fazer as fogueiras. Matavam apenas os animais que iriam comer. Quando os recursos naturais se tornavam escassos, os indígenas transferiam a aldeia de lugar. Como não haviam provocado grandes danos à natureza, a terra ali se recompunha rapidamente.

Quando chegam os brancos

Com a chegada dos portugueses às terras que se tornariam o Brasil, a vida de muitos povos indígenas sofreu uma profunda transformação. Nos primeiros anos, a relação entre eles foi amistosa, mas, após 1530, o governo português decidiu iniciar a atividade agrícola e passou a ver o indígena como um obstáculo à posse da terra e à colonização. A partir desse momento, teve início o conflito aberto entre indígenas e portugueses, que queriam se apossar de suas terras e escravizá-los.

As resistências

É importante notar que houve reação por parte dos indígenas. Assim que passou o momento da surpresa ante a chegada daqueles homens diferentes que vinham do mar e logo que os índios perceberam a intenção de dominar dos europeus, a resistência começou a se dar.

A união de tribos em confederações para guerrear contra os europeus e o ataque constante aos estabelecimentos portugueses foram fatos habituais daquele período. Entretanto, não foram suficientes para impedir a conquista, pois os portugueses eram mais numerosos e unidos em torno de um único governo, além de contarem com armas poderosas.

No Brasil, os conhecimentos indígenas, tão úteis aos europeus durante o primeiro contato, não foram valorizados durante a colonização, período em que os nativos eram vistos como seres ignorantes e infiéis. Também são pouco reconhecidos na atualidade os hábitos e costumes indígenas que foram incorporados a nossa cultura, como, por exemplo, a forma de plantar e preparar certos alimentos.

SCATAMACCHIA, Maria Cristina Mineiro. *O encontro entre culturas*. São Paulo: Atual, 2001. p. 40. (A Vida no Tempo).

No contínuo esforço pela subsistência, os grupos indígenas brasileiros contam, de um modo geral, com uma tecnologia bastante rudimentar para explorar os recursos naturais das áreas que habitam. É muito comum se ouvir dizer que os índios são indolentes. Mas como se pode acusar os indígenas de **ociosidade** se dedicam grande parte de seu tempo às tarefas destinadas a garantir seu alimento? Além de caçar, pescar, coletar, plantar, criar animais, os índios têm também de fabricar os instrumentos que servem para produzir, transportar, guardar ou conservar os alimentos: armas de caça, armadilhas, canoas, cestas, potes etc. Graças ao seu próprio trabalho é que os indígenas têm sobrevivido até hoje.

MELATTI, Júlio César. *Os índios do Brasil*. São Paulo: Hucitec, 1989. p. 47.

Ao longo do período colonial, o relacionamento dos indígenas com os homens brancos aconteceu de diversas maneiras:
- muitos reagiram contra os ataques, pegando em armas, a fim de manter a autonomia tribal;
- alguns se aliaram aos europeus;
- muitos foram submetidos à escravidão;
- outros tentaram manter sua autonomia, migrando para o interior, ainda desconhecido pelos portugueses.

Segundo algumas estimativas, hoje há por volta de 300 mil indígenas no Brasil, espalhados em pequenos grupos pelo território. Alguns desses grupos vivem em terras demarcadas, que pertencem ao Estado brasileiro. São terras nas quais os indígenas têm o direito de viver e explorar seus recursos.

Pela Constituição brasileira de 1988 houve o reconhecimento do direito dos índios:

> Art. 231 – São reconhecidos aos índios sua organização social, costumes, línguas, crenças e tradições, e os direitos originários sobre as terras que tradicionalmente ocupam, competindo à União demarcá-las, proteger e fazer respeitar todos os seus bens.
>
> Título XVIII, "Da ordem social", capítulo VII, "Dos índios"

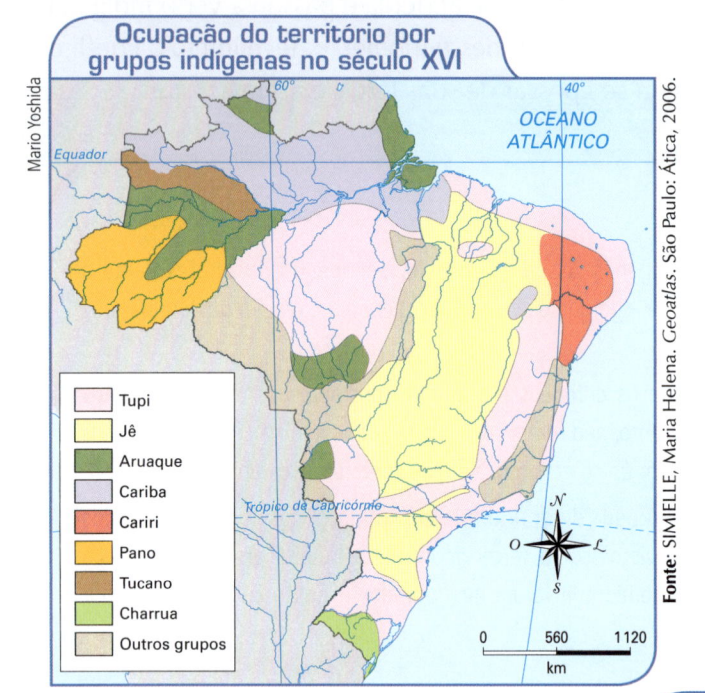

Ocupação do território por grupos indígenas no século XVI

Legenda:
- Tupi
- Jê
- Aruaque
- Cariba
- Cariri
- Pano
- Tucano
- Charrua
- Outros grupos

Fonte: SIMIELLE, Maria Helena. *Geoatlas*. São Paulo: Ática, 2006.

Veja no mapa atual do Brasil as áreas ocupadas por povos indígenas no século XVI.

Contudo, os indígenas enfrentam frequentemente a invasão de suas terras por garimpeiros e companhias que exploram minérios e madeira. Esse fato, além de ferir os direitos dos índios, provoca a devastação das matas, a poluição das águas dos rios, o extermínio de animais, entre outras consequências.

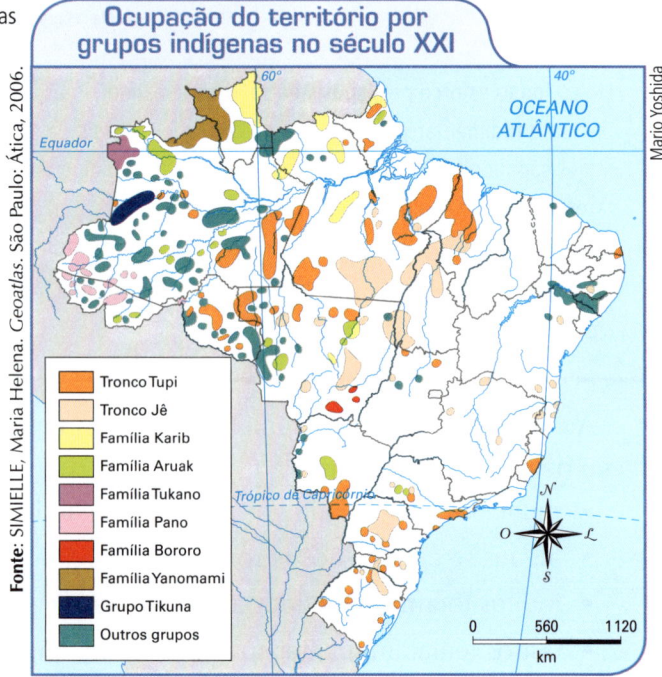

Ocupação do território por grupos indígenas no século XXI

Legenda:
- Tronco Tupi
- Tronco Jê
- Família Karib
- Família Aruak
- Família Tukano
- Família Pano
- Família Bororo
- Família Yanomami
- Grupo Tikuna
- Outros grupos

Fonte: SIMIELLE, Maria Helena. *Geoatlas*. São Paulo: Ática, 2006.

Apesas da enorme redução no número de indígenas, desde a chegada dos portugueses até os dias de hoje, as populações nativas apresentaram um aumento nos últimos anos. São mais de 230 povos.

Veja como as áreas indígenas são reduzidas no Brasil atual.

ATIVIDADES

1) Responda às perguntas:

a) Que grupo indígena entrou primeiro em contato com os portugueses?

_____

b) Entre os povos indígenas do Brasil, a propriedade da terra era coletiva. O que isso significa?

_____

_____

c) Como os indígenas se relacionavam com a natureza?

_____

_____

d) Os colonizadores portugueses respeitavam as terras indígenas?

_____

_____

Refletindo

2) Compare a organização do trabalho indígena com a da nossa sociedade. Troque ideias com a classe.

3) Leia novamente o texto de Eunice D. de Paula, da página 33. Compare a forma como as crianças são educadas na sociedade indígena e como são educadas na nossa sociedade. Discuta suas ideias com a classe.

4) Hoje algumas terras indígenas são demarcadas. Procure saber se essas terras são respeitadas pelo homem "branco". Pesquise em jornais, revistas e na internet. Anote o que considerar importante e depois exponha o que descobriu para a classe.

Pesquisando

5) Procure em jornais, revistas ou na internet notícia recente de algum acontecimento que tenha envolvido índios no Brasil. Escreva um texto comentando o fato e dê sua opinião.

6) Cada grupo vai trabalhar com o tema "Os índios não são todos iguais". Façam uma pesquisa e combinem a forma de apresentar o trabalho: cartaz, vídeo, *blog* na internet, revista etc. Uma dica: para este tema, vocês precisam pensar em "diversidade" e "cultura".

Capítulo 4
Os primeiros 30 anos

Pau-brasil, a primeira riqueza

Quando os portugueses tomaram posse das terras que dariam origem ao Brasil, boa parte do litoral era coberta por florestas, onde havia, entre tantas outras, uma árvore grande que os tupis chamavam de **ibirapitanga**.

Ibirá significa pau e *pitã*, vermelho. Os europeus já a conheciam e a chamavam de pau-brasil, por ser vermelha, cor de brasa.

Do seu miolo era extraído um corante vermelho, de considerável valor comercial, para o tingimento de tecidos. A madeira era usada nos trabalhos de marcenaria e carpintaria.

A árvore do pau-brasil era comum na floresta que cobria o litoral no século XVI.

Tronco do pau-brasil, cujo nome científico é *Caesalpina echinata*.

Árvore do pau-brasil, comum na floresta que cobria o litoral onde portugueses desembarcaram no século XVI, hoje está ameaçada de extinção. Foto de um exemplar remanescente identificado em Gandu, Bahia, em 2008.

Você já viu uma árvore de pau-brasil ou um pedacinho de sua madeira?

Provavelmente, não.

A maioria dos brasileiros também não a conhece.

Sabe por quê? O pau-brasil foi praticamente extinto no Brasil.

Veja como isso ocorreu.

De certa forma, os portugueses ficaram desapontados com sua colônia americana. Nela não havia especiarias ou qualquer outro produto que lhes garantisse lucro imediato. Portanto, era melhor continuar fazendo o vantajoso comércio com o oriente.

Contudo, Portugal não pretendia abandonar a nova colônia porque sua posição geográfica era estratégica para a defesa das rotas portuguesas no Atlântico sul. Devido à direção dos ventos, era mais fácil para as embarcações a vela fazer escalas nas costas do Brasil do que na África.

Além disso, também havia esperança de encontrar riquezas, como o ouro, a prata ou pedras preciosas.

O único produto que despertou o interesse dos portugueses foi o pau-brasil. Como o governo de Portugal tinha o monopólio de sua exploração, o rei teria de dar autorização para cortar, transportar e comercializar a madeira e, é claro, ficaria com boa parte do lucro.

Começou a devastação da Mata Atlântica.

Quando acabavam as árvores de pau-brasil no local onde os comerciantes estavam, eles procuravam outro, e continuava a destruição da floresta.

Em alguns pontos do litoral, os portugueses construíram feitorias, que serviam para a defesa e para armazenar os troncos, até que os navios chegassem e os transportassem para a Europa.

Ilustração de um manuscrito do século XVI mostra o tingimento de tecido com pigmentos vermelhos extraídos do pau-brasil.

Área da Mata Atlântica no século XVI

Mata Atlântica por volta do ano 1500
--- Divisão político-administrativa atual

Fonte: ARRUDA, José Jobson de A. *Atlas histórico básico*. São Paulo: Ática, 2005.

Área atual da Mata Atlântica

Mata Atlântica atualmente

Fonte: ARRUDA, José Jobson de A. *Atlas histórico básico*. São Paulo: Ática, 2005.

Para isso, contavam com a mão de obra dos indígenas, que também transportavam os troncos até as embarcações.

Em troca do trabalho realizado, os portugueses davam aos indígenas produtos como colares de miçangas, roupas coloridas, contas, pentes, espelhos, facas e, para facilitar a tarefa, também serras e machados. Esse tipo de troca recebe o nome de **escambo**.

Inicialmente, o relacionamento entre os habitantes da terra e os portugueses foi amistoso. Os indígenas gostavam dos objetos que recebiam e até se ofereciam para ir buscar o pau-brasil.

Contudo, conforme aumentava o interesse dos europeus por essa madeira, o trabalho indígena tornava-se fundamental, e os portugueses passaram a obrigar os índios a realizá-lo, mesmo quando não queriam.

A notícia da existência do pau-brasil na América logo se espalhou pela Europa. Os franceses, particularmente interessados nele, passaram a frequentar o litoral brasileiro. Preocupado com essa concorrência, o governo português mandou vários navios e soldados para combater os invasores.

Você pode imaginar quem levou a pior nesse combate?

Foi o indígena, obrigado a ir na frente dos soldados e o primeiro a morrer.

Aos portugueses e franceses só interessava o lucro. Cortaram e levaram tantas árvores de pau-brasil que, trinta anos após o início da exploração, elas haviam diminuído significativamente.

Esta ilustração de 1552, de Theodore de Bry, mostra os tupinambás (aliados dos franceses) em guerra contra tupiniquins e portugueses.

ATIVIDADES

1 Que uso os europeus faziam das árvores de pau-brasil?

___

2 No Brasil, os portugueses não encontraram nenhum produto que desse lucro imediato. Qual o motivo de não abandonarem a nova colônia?

___

3 A exploração de pau-brasil pelos europeus iniciou a grande devastação da Mata Atlântica. Procure saber e escreva os outros fatores que, depois, levaram à destruição dessa mata. Pesquise em jornais, revistas, livros. Em grupo, faça um cartaz do seu estado com dois mapas, um mostrando a área que a mata ocupava na época em que os portugueses chegaram aqui e outro com a que ocupa hoje. Usem fotos, desenhos ou figuras para ilustrar o cartaz.

4 Para que serviam as feitorias?

___

5 Como foi o relacionamento inicial entre os indígenas e os portugueses? Por que esse relacionamento mudou? Justifique a sua resposta.

___

45

6 O que é escambo?

_____
_____
_____
_____

7 Responda às perguntas.

a) Por que os franceses passaram a frequentar o litoral brasileiro?

_____
_____
_____
_____

b) Qual foi a reação de Portugal?

_____
_____
_____
_____

c) Então, os franceses respeitaram o Tratado de Tordesilhas?

_____
_____
_____

8 Os índios ainda buscam alcançar muitos objetivos. Procure saber pelo que eles lutam atualmente e converse sobre o que você descobriu com os colegas de classe.

9 Compare o trabalho dos indígenas antes da chegada dos portugueses e depois, quando se iniciou a exploração do pau-brasil. O que mudou? Troque ideias com a classe.

10 Para defender as terras que haviam tomado dos índios, os colonizadores portugueses tiveram de combater outros povos que invadiam o Brasil. Nessa luta, os índios foram os primeiros a morrer. Troque ideias com a classe sobre esse fato e escreva sua opinião.

Reconhecendo a terra

Em 1500, o governo português tomou posse das terras que seriam o Brasil, mas, nos anos seguintes, a sua principal preocupação continuou sendo o lucrativo comércio dos produtos orientais, principalmente as especiarias.

Logo após a viagem de Cabral, o rei de Portugal, D. Manuel, decidiu obter informações mais precisas sobre as riquezas do Brasil, principalmente sobre se havia ouro e prata.

Em 1501, foi enviada uma expedição exploradora, comandada por Gaspar de Lemos, que contou com a participação de Américo Vespúcio, um experiente navegador italiano.

Essa expedição percorreu desde o litoral do atual estado do Rio Grande do Norte até o sul do continente, reconhecendo e dando nome a vários acidentes geográficos: rios, baías, cabos e ilhas. Constatou que:

- a terra de que Portugal tomara posse, pelo seu tamanho, não era uma ilha;
- havia, no litoral da nova colônia, uma grande quantidade de árvores de pau-brasil.

Em 1503, uma nova expedição exploradora foi enviada ao Brasil. Comandada por Gonçalo Coelho, contou também com a participação de Américo Vespúcio. Foram os navegadores dessa expedição que:

- fundaram uma feitoria em Cabo Frio, no atual estado do Rio de Janeiro;
- organizaram uma expedição ao interior do Brasil.

No ano seguinte, retornaram a Portugal, levando um grande carregamento de pau-brasil.

As primeiras expedições (1501 a 1503)

Fonte: ALBUQUERQUE, Manoel Maurício de et al. *Atlas histórico escolar*. Rio de Janeiro: FAE, 1991.

No mapa, você pode observar as rotas das expedições exploradoras e alguns dos acidentes geográficos que foram reconhecidos e nomeados. Veja também que a área de ocorrência de pau-brasil ia do atual estado do Rio Grande do Norte até o Rio de Janeiro.

47

O Brasil é arrendado

A exploração de pau-brasil era monopólio real, mas, em 1502, o governo português permitiu que ela passasse a ser feita por particulares, sob a forma de **arrendamento**.

O prazo de arrendamento era de três anos. Pelo contrato estabelecido, o arrendatário era obrigado a enviar anualmente uma expedição de seis navios, a fim de explorar 300 léguas de costa e estabelecer feitorias. O primeiro arrendamento foi conseguido por um consórcio de mercadores de Lisboa, tendo à frente o **cristão-novo** Fernão de Noronha. No ano seguinte, foi feito um carregamento de pau-brasil.

O sistema de arrendamento durou pouco tempo, porque o grupo arrendatário não conseguiu proteger o litoral, constantemente atacado por **corsários**.

O Brasil ameaçado

Os produtos brasileiros, particularmente o pau-brasil, despertaram a cobiça de alguns países europeus, principalmente da França. A partir de 1504, os navios franceses passaram a vir ao Brasil para pegar a madeira.

Os corsários aportavam em um ponto abrigado, próximo às matas de pau-brasil. Carregavam os navios com o produto, que era trazido pelos indígenas. Além da madeira, também levavam especiarias, ervas medicinais e alguns animais.

O governo português sentiu o perigo. A Colônia estava ameaçada por corsários estrangeiros, que poderiam se fixar na terra. Para que isso não ocorresse, a Metrópole decidiu enviar expedições que protegessem o litoral.

As expedições de defesa receberam a denominação de expedições guarda-costas. A primeira chegou em 1516 e a segunda em 1526, ambas comandadas por Cristóvão Jacques.

Policiar toda a costa brasileira, em razão de sua extensão, era impossível e essas expedições eram insuficientes para evitar os corsários. A única maneira de os portugueses assegurarem para si a posse da terra seria tomar medidas efetivas de colonização.

Pela colônia americana pouco se interessava, pois aparentemente não havia riquezas minerais. Os portugueses também não contavam com uma população suficiente para povoar todas as regiões por eles descobertas.

Por essas razões, o governo português não iniciou a colonização imediata do Brasil, deixando-o, nos primeiros 30 anos, praticamente abandonado. Foram enviadas apenas expedições para fazer o reconhecimento geográfico e econômico da nova colônia. Foram as expedições exploradoras. Também foram organizadas expedições guarda-costas para a defesa do litoral brasileiro, que frequentemente sofria ataques estrangeiros.

Esse período inicial do Brasil é chamado de pré-colonial (1500-1530).

ATIVIDADES

1 Que motivos levaram Portugal a não colonizar o Brasil nos primeiros 30 anos?

_____
_____
_____
_____

2 As atividades de extração e comércio do pau-brasil eram feitas diretamente por funcionários do governo português?

_____
_____
_____
_____

Refletindo

3 As expedições enviadas nos primeiros trinta anos garantiram a posse da terra para Portugal?

_____
_____
_____
_____

4 Na sua opinião, como o governo português poderia assegurar a posse do Brasil?

_____
_____
_____
_____

Pesquisando

5 No texto há uma referência ao cristão-novo Fernão de Noronha. Faça uma pesquisa em livros, revistas ou na internet sobre os **cristãos-novos**, para saber quem eram, como se tornaram cristãos e por que receberam essa denominação. Escreva um resumo com o que descobrir e apresente em classe para expor aos seus colegas.

Capítulo 5
A ADMINISTRAÇÃO PORTUGUESA NO BRASIL

Colonizar é preciso

As primeiras expedições portuguesas que vieram para o Brasil não conseguiram proteger o litoral brasileiro dos corsários, que contrabandeavam pau-brasil.

Com a constante presença estrangeira na Colônia, o governo português corria o risco de perdê-la para outro país europeu. A maior ameaça vinha da França. Esse país não respeitava as disposições estabelecidas pelo Tratado de Tordesilhas, que repartia entre Portugal e Espanha o continente americano. Para garantir a posse da terra, os portugueses tinham de iniciar a colonização do Brasil.

Expedição colonizadora de Martim Afonso de Souza - 1530

Fonte: ARRUDA, José Jobson de A. Atlas histórico básico. São Paulo: Ática, 2005. p. 36.

Veja no mapa os pontos do litoral onde Martim Afonso parou, antes de chegar à região de São Vicente. Seu irmão Pero Lopes de Souza prosseguiu até a região do Rio da Prata.

A Coroa portuguesa enfrentava outra situação difícil. Alguns países europeus haviam adquirido condições de fazer viagens oceânicas e começaram a concorrer no comércio dos produtos orientais. Com isso, os preços desses produtos caíram e os lucros dos comerciantes portugueses diminuíram.

Como os espanhóis haviam encontrado riquezas minerais em algumas das colônias americanas da Espanha, o governo português esperava que o mesmo acontecesse no Brasil. Isso iria ajudá-lo a recuperar a economia de Portugal.

Em 1530, o rei D. João III organizou uma expedição colonizadora ao Brasil e deu o seu comando a Martim Afonso de Souza.

Essa expedição era composta de cinco embarcações e 400 homens. A nau capitânia (embarcação que leva o comandante) era comandada por Pero Lopes de Souza, irmão de Martim Afonso, que escreveu um diário de navegação, relatando todos os acontecimentos ocorridos durante a viagem (*Diário da navegação da armada que foi à terra do Brasil em 1530*).

Martim Afonso tinha a responsabilidade de firmar definitivamente o domínio português no Brasil. Deveria:

• fundar núcleos de povoamento e defesa;
• combater os corsários franceses;
• explorar todo o litoral, inclusive a região do Rio da Prata, que pelo Tratado de Tordesilhas estava fora dos domínios portugueses.

Martim Afonso de Souza, 1500-1571, óleo de J. W. Rodrigues, século XX.

Ao chegarem, os homens comandados por Martim Afonso apresaram três naus francesas no litoral de Pernambuco. Em seguida, a expedição se dividiu. Diogo Leite, com duas embarcações, foi explorar a faixa litorânea que hoje corresponde ao estado de Pernambuco até o Maranhão, e Martim Afonso partiu em direção ao Rio da Prata.

Ao atingir a Baía de Todos-os-Santos, a expedição encontrou um náufrago português, Diogo Álvares, vivendo com os indígenas, que o chamavam de Caramuru. Era casado com Paraguaçu, filha de um chefe tupinambá.

Rumando para o sul, Martim Afonso e seus companheiros chegaram à Baía de Guanabara, de onde quatro homens foram enviados para o interior. Eles voltaram com a notícia da existência de ouro e prata em um rio denominado Paraguai pelos indígenas. Continuando a viagem, as embarcações de Martim Afonso aportaram em Cananeia (no atual estado de São Paulo). Organizou-se mais uma expedição para o interior, em busca de ouro, prata e indígenas, que seriam escravizados. Como não houve mais

Praça Martin Afonso de Souza, em Cananeia, SP, onde se vê o pelourinho e canhões do século XVI. Foto de 2006.

51

Neste detalhe da pintura de João Ramalho feita por José Wasth Rodrigues, de 1920, a representação do explorador português com uma criança índia.

notícia dessa expedição, supõe-se que seus participantes foram mortos pelos nativos.

Mais tarde, Martim Afonso e seu grupo seguiram para a foz do Rio da Prata. Depois de sofrer um naufrágio, desistiram de explorar esse rio. Martim Afonso enviou Pero Lopes para fazê-lo e regressou a Cananeia.

Em 1532, fundou, com seus homens, o primeiro povoamento do Brasil, a Vila de São Vicente, onde se iniciou a cultura da cana-de-açúcar e foi construído o primeiro engenho de açúcar.

Logo após, com um grupo, subiu ao Planalto de Piratininga e fundou o povoado de Santo André da Borda do Campo. Contaram com o auxílio de João Ramalho, sobrevivente de um naufrágio, casado com a índia Bartira.

Martim Afonso estava em São Vicente quando recebeu uma carta do rei de Portugal informando-o de que seria estabelecido no Brasil o mesmo sistema administrativo que tivera bom êxito nas ilhas de Açores e Madeira: as capitanias hereditárias.

Para que a implantação desse sistema fosse eficiente, era preciso também ocupar economicamente a terra. Como não haviam sido encontrados os tão cobiçados metais preciosos, a opção encontrada foi desenvolver a agricultura. Inicialmente, seria usada a mão de obra indígena.

Afinal, Pero Vaz de Caminha, em sua carta, havia dado a seguinte informação sobre a terra: "Águas são muitas; infindas. E em tal maneira é graciosa que, querendo-a aproveitar, dar-se-á nela tudo, por bem das águas que tem".

Era preciso escolher um produto que tivesse fácil aceitação no mercado europeu, cuja técnica de plantação fosse conhecida dos portugueses.

A cana-de-açúcar satisfazia essas condições. Assim, teve início a colonização do Brasil, com o sistema administrativo das capitanias hereditárias e o cultivo da cana-de-açúcar.

ATIVIDADES

1) Por que havia o risco de o governo português perder o Brasil para algum país europeu?
___
___
___

2) Explique o motivo que levou à queda dos preços dos produtos orientais no início do século XVI.
___
___
___

3) O que os espanhóis haviam encontrado em suas colônias da América que deixou Portugal esperançoso de conseguir recuperar a sua abalada economia?

_____

4) Martim Afonso de Souza comandou uma expedição para dar início à colonização do Brasil. Por ordem do rei, o que ele deveria fazer na Colônia?

_____

_____

_____

5) O ano de 1532 marcou o início da colonização do Brasil. Quais as realizações de Martim Afonso e seus companheiros?

_____

_____

_____

_____

6) O rei de Portugal informou a Martim Afonso que implantaria no Brasil um sistema administrativo que havia dado resultados positivos em outras regiões colonizadas pelos portugueses. Qual era esse sistema?

_____

7) Quais os motivos que levaram os portugueses a implantar a economia canavieira no Brasil?

_____

_____

_____

_____

8) Comente a seguinte afirmação: Ao contrário das feitorias, a vila representava um núcleo efetivo de povoamento.

_____

_____

_____

53

As capitanias hereditárias

No período colonial, houve no Brasil dois sistemas administrativos: o de capitanias hereditárias, introduzido em 1534, que levou a uma descentralização do poder político na Colônia; e o sistema de governo-geral, criado em 1549, como uma tentativa de centralizar a administração.

O sistema de capitanias hereditárias consistiu na divisão do território colonial brasileiro em 15 faixas de terra, que iam do litoral até o limite estabelecido pelo Tratado de Tordesilhas. O rei doou essas faixas a 12 pessoas de sua confiança e que tiveram destaque nas conquistas portuguesas. Elas deveriam representá-lo na Colônia. Essas pessoas eram chamadas de **capitães**, por isso os lotes receberam a denominação de **capitanias**. Também foi usado o título de **donatário** para designar o governador da capitania, o qual significava que ele recebera uma doação. As capitanias eram chamadas de hereditárias porque, com a morte do donatário, sua administração passaria, como herança, para o filho mais velho.

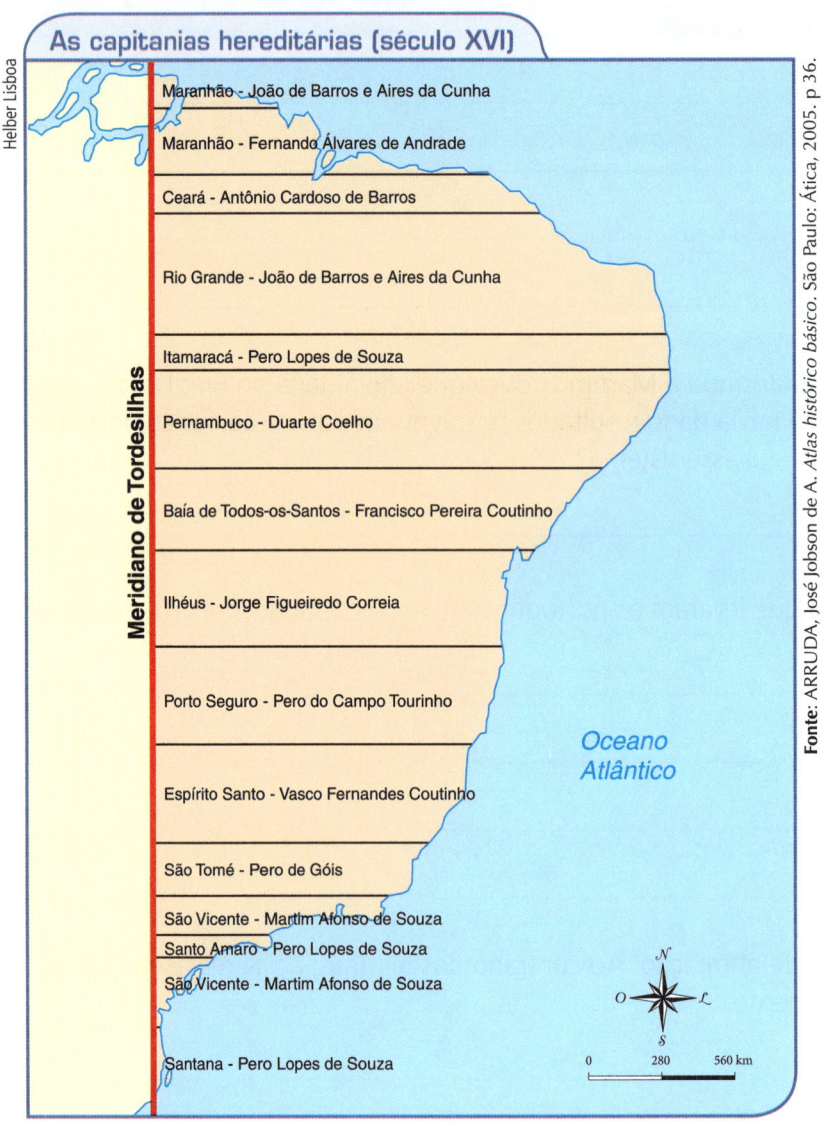

As capitanias hereditárias (século XVI)

- Maranhão - João de Barros e Aires da Cunha
- Maranhão - Fernando Álvares de Andrade
- Ceará - Antônio Cardoso de Barros
- Rio Grande - João de Barros e Aires da Cunha
- Itamaracá - Pero Lopes de Souza
- Pernambuco - Duarte Coelho
- Baía de Todos-os-Santos - Francisco Pereira Coutinho
- Ilhéus - Jorge Figueiredo Correia
- Porto Seguro - Pero do Campo Tourinho
- Espírito Santo - Vasco Fernandes Coutinho
- São Tomé - Pero de Góis
- São Vicente - Martim Afonso de Souza
- Santo Amaro - Pero Lopes de Souza
- São Vicente - Martim Afonso de Souza
- Santana - Pero Lopes de Souza

Meridiano de Tordesilhas

Helber Lisboa

Fonte: ARRUDA, José Jobson de A. *Atlas histórico básico*. São Paulo: Ática, 2005. p. 36.

No mapa, você pode ver a divisão, realizada em 1534, do Brasil português nas 15 capitanias hereditárias. O tamanho delas variava: ia de 20 a 100 léguas de extensão. Cada légua corresponde a 6 600 metros. Você também pode verificar que eram 12 os donatários, pois Martim Afonso de Souza recebeu duas capitanias, ambas denominadas São Vicente, e seu irmão Pero Lopes ficou com três lotes: Itamaracá, Santo Amaro e Santana.

54

Repartir para dominar

Essa divisão de terra [capitanias hereditárias] foi feita ignorando-se as nações indígenas existentes em toda a extensão da costa brasileira. As grandes faixas de território se estendiam para o interior, ainda desconhecido dos portugueses. Foi um loteamento realizado a partir do litoral, sem consideração com os habitantes nativos.

Nesse momento ocorreu uma mudança **radical** na relação entre portugueses e índios, pois a terra passou a ser objeto de disputa e o trabalho indígena tornou-se obrigatório.

[...] o trabalho indígena passou a ser obrigatório, já que necessário para a manutenção dos portugueses na nova terra. Essa mudança significou a substituição do escambo pela escravidão.

Os índios fugiram então para o interior, deixando suas antigas casas, para escapar dos trabalhos forçados e da situação de escravidão. Para se defenderem, começaram a atacar vilas e povoados. Passaram a ter com os portugueses uma relação de guerra, que tinha como objetivo a defesa do território.

SCATAMACCHIA, Maria Cristina Mineiro. *O encontro entre culturas*. São Paulo: Atual, 2001. p. 36-37. (Coleção A vida no tempo).

O poder dos donatários

Os donatários se comprometiam a cuidar da colonização de sua capitania. Dessa forma, o governo português transferia para os particulares a responsabilidade de fazer o investimento de capitais na colônia, **poupando** o capital real.

O donatário era praticamente um senhor absoluto dentro de sua capitania. Tinha o poder de:
- fundar vilas;
- distribuir **sesmarias** aos colonos;
- nomear autoridades;
- recolher impostos;
- escravizar indígenas e vender um certo número à metrópole, livre de impostos;
- controlar a navegação pelos rios.

Porém, o donatário deveria obedecer a certas imposições:
- não era permitida a divisão da capitania ou sua venda;
- o rei poderia retomar a capitania, nos casos de utilização indevida, deslealdade ou abandono;
- não retomar as sesmarias doadas;
- a Coroa ficava com o monopólio do pau-brasil e das especiarias e o **quinto** de metais e pedras preciosas.

Duas capitanias tiveram êxito

Das 15 capitanias, apenas duas, São Vicente e Pernambuco, apresentaram o resultado esperado pelo governo português. Em ambas houve a formação de povoamentos, produção agrícola e um relacionamento mais pacífico com os indígenas. Seus donatários receberam auxílio do governo português e contaram com capital dos banqueiros holandeses.

A capitania de **São Vicente** foi doada a Martim Afonso de Souza, mas ele resolveu regressar a Portugal, entregando a outras pessoas a administração de seu lote. Houve a ampliação das áreas de cultivo de cana, a vinda de famílias de colonos e a formação de novos povoamentos. Entretanto, a lavoura canavieira vicentina acabou entrando em declínio, devido, principalmente, à concorrência do açúcar do Nordeste.

Fundação de São Vicente, quadro de 1900, em que o pintor Benedito Calixto representou o desembarque de Martim Afonso de Souza, em 1532.

A capitania de **Pernambuco**, doada a Duarte Coelho, foi a que mais prosperou. O donatário contou com condições favoráveis de clima e solo para o desenvolvimento da lavoura canavieira. Essa situação atraiu muitos colonos, multiplicaram-se os canaviais e foram criados vários engenhos. Duarte Coelho incentivou a exploração do pau-brasil, a diversificação da agricultura e a navegação, com o objetivo de abastecer as capitanias mais próximas dos alimentos produzidos pelas lavouras pernambucanas. Surgiram a Vila de Olinda e o povoado de Recife.

Apesar de as duas capitanias terem prosperado, o sistema não deu certo. O governo português não estava conseguindo colonizar o Brasil de maneira satisfatória. Seria preciso criar uma nova forma administrativa para a Colônia.

O sistema fracassou

Vários motivos levaram ao fracasso o sistema de capitanias hereditárias. Organizar a plantação de cana-de-açúcar, construir as instalações para a fabricação do açúcar, conseguir mão de obra, fundar povoamentos, tudo isso exigia um investimento muito alto. Alguns donatários não possuíam capital suficiente, e outros não estavam dispostos a aplicar na colônia americana, porque era muito arriscado. Alguns donatários nem chegaram a vir para o Brasil tomar posse da capitania que receberam; outros vieram, mas não conseguiram resultados positivos e acabaram por perder todo o capital investido.

Além disso, os donatários de algumas capitanias tiveram de enfrentar a reação dos indígenas, quando começaram a ocupar as terras para plantar cana e fazer as construções. O indígena, ameaçado, passou a atacar os colonos portugueses, destruindo suas casas e plantações.

O governo-geral

O rei de Portugal, D. João III, em 1548, determinou que fosse introduzido no Brasil um novo sistema administrativo, conhecido como governo-geral, sem eliminar as capitanias hereditárias. Seria um governo único, que centralizasse a administração, controlasse todas as capitanias e prestasse contas diretamente ao governo português.

Esquema administrativo da Colônia até o século XVIII

```
                    GOVERNADOR-GERAL
                   ↙        ↓        ↘
        Provedor-mor    Ouvidor-mor    Capitão-mor
                            ↓
                        Donatários
                            ↓
                    Câmaras Municipais
```

Nesse mesmo ano, o rei nomeou Tomé de Sousa para ocupar o cargo de primeiro governador-geral. O governador deveria centralizar o poder na Colônia, coordenar a administração, promover o povoamento, por meio da doção de sesmarias, defender o território contra ataques estrangeiros, organizar expedições com o objetivo de descobrir jazidas de metais preciosos, incentivar a catequese religiosa e fiscalizar os monopólios da Coroa. Era auxiliado pelo:

- ouvidor-**mor**, encarregado da justiça;
- provedor-mor, responsável pela arrecadação dos impostos;
- capitão-mor, encarregado da defesa.

> É importante ressaltar que, quando teve início o governo-geral, algumas capitanias continuaram existindo. Esse sistema só foi extinto efetivamente no século XVIII.

Ilustração do século XVI de autoria desconhecida mostra a Baía de Todos-os-Santos. Ao fundo, vê-se a cidade de Salvador.

Salvador, capital da Colônia

O donatário da capitania da Baía de Todos-os-Santos, Francisco Pereira Coutinho, veio ao Brasil tomar posse de seu lote, construiu uma vila, deu terras para os colonos iniciarem a plantação de cana-de-açúcar e instalou engenhos.

Porém, os tupinambás começaram a atacá-los, matando muitos colonos e destruindo as plantações. O donatário resolveu voltar para Portugal, mas próximo à costa sofreu um naufrágio e acabou sendo morto por outro povo indígena. O rei de Portugal comprou essa capitania dos herdeiros do donatário e aí instalou a sede do governo-geral.

Detalhe de pintura de Manuel Victor Filho (século XX). Representação de Tomé de Souza trabalhando na construção de Salvador.

O primeiro governador-geral, Tomé de Sousa, e sua comitiva desembarcaram em abril de 1549 na região que corresponde atualmente ao estado da Bahia. Junto vieram padres jesuítas, chefiados pelo padre Manuel da Nóbrega. O governador fundou a cidade de Salvador, edificou a igreja matriz e organizou a vida municipal.

Durante o governo de Tomé de Sousa houve distribuição de sesmarias a colonos, criação de estaleiros para a construção de pequenas embarcações, incentivo à economia canavieira, introdução de cabeças de gado no Nordeste e organização de expedições em busca de metais preciosos.

Em 1551, por decisão do papa, foi criado o bispado de Salvador, com autoridade sobre a Igreja de todo o Brasil, sendo nomeado como titular o bispo D. Pero Fernandes Sardinha.

Invasão francesa no segundo governo

Em 1553, chegou Duarte da Costa, o segundo governador-geral. Com ele vieram também padres jesuítas, dentre os quais José de Anchieta. Em 25 de janeiro de 1554, Nóbrega e Anchieta fundaram o Colégio de São Paulo, que deu origem à cidade de São Paulo.

Fundação de São Paulo, obra de 1909, de Oscar Pereira da Silva. Representação da missa que marcou a fundação de São Paulo.

No governo de Duarte da Costa houve a expansão da catequese, o desenvolvimento econômico, com a instalação de novos engenhos, e o aumento da área pecuarista. Porém, ocorreram inúmeros problemas:
- o filho do governador, Álvaro da Costa, combateu violentamente os indígenas, o que provocou a reação do bispo;
- ocorreram divergências entre colonos e jesuítas, causadas pela tentativa dos colonos de escravizar os indígenas;
- houve uma invasão de franceses no Rio de Janeiro, em 1555, com o objetivo de fundar uma colônia.

O governo de Mem de Sá

Em 1558, chegou Mem de Sá, o terceiro governador-geral, que governou o Brasil até 1572. Em seu governo:
- com a ajuda dos jesuítas, foram pacificados os indígenas;
- foi estimulado o tráfico de escravos negros;

59

- incentivou-se a economia canavieira, que conheceu grande crescimento;
- foram expulsos os franceses do Rio de Janeiro.

Após dez anos de governo, Mem de Sá pediu ao rei que mandasse um novo governador. Em 1570, foi nomeado, para substituí-lo, D. Luís de Vasconcelos, porém ele não chegou a tomar posse. Seu navio foi atacado por franceses e o governador morreu em luta.

Após a morte de Mem de Sá (1572), a Metrópole resolveu dividir o Brasil em dois Estados: do Norte, com sede em Salvador, e do Sul, com sede no Rio de Janeiro. Porém, devido ao fracasso dessa divisão, o Brasil foi unificado novamente e a capital continuou sendo Salvador.

No século XVII, alguns governadores-gerais receberam o título de vice-reis, definitivamente oficializado em 1763. O vice-reinado durou até 1808, com a vinda da família real portuguesa para o Brasil.

Mem de Sá, retrato pintado por Manuel Victor Filho no século XX.

Os primeiros padres jesuítas chegaram ao Brasil com Tomé de Sousa. Mais tarde também vieram padres de outras ordens religiosas: beneditinos, carmelitas, capuchinhos e franciscanos; porém, os jesuítas foram os que tiveram maior atuação na Colônia. Cuidaram da catequese, do ensino, da pacificação dos indígenas e da organização das **missões**.

As Câmaras Municipais

No período colonial do Brasil houve uma instituição política local de muita importância: a **Câmara Municipal**. Seus membros eram escolhidos pelos **homens bons**, ou seja, os proprietários de grandes extensões de terra. A Câmara Municipal tinha força para resolver os problemas locais.

De maneira geral, a população vivia na dependência dos senhores rurais, a elite local. Dessa dependência resultava a ordem política brasileira; o poder dos proprietários de terra, muitas vezes, superava a própria soberania de Portugal. Os representantes do rei viram crescer o poder das Câmaras Municipais sem nada conseguir fazer. Eram os homens bons que tinham o verdadeiro poder da administração colonial nas mãos. Muitas Câmaras, passando por cima da autoridade do governador-geral, tratavam diretamente com Lisboa.

ATIVIDADES

1 Responda às perguntas.

a) Por que o governo português resolveu implantar o sistema de capitanias hereditárias no Brasil?

b) Por que as capitanias hereditárias representaram uma forma de utilização de capitais particulares?

c) Quais os direitos dos donatários? E os deveres?

d) Como se adquiria terra no Brasil colonial?

2 Marque as afirmativas **incorretas** e comente por que não estão certas.

a) A instalação das capitanias hereditárias significou uma centralização administrativa.

b) As capitanias hereditárias não constituíram uma novidade para Portugal, que já havia adotado o mesmo sistema na colonização de Açores e Madeira.

c) O solo fértil e o clima foram fatores que favoreceram o desenvolvimento da lavoura canavieira na capitania de Pernambuco.

61

d) Apesar de o sistema de capitanias ter fracassado, foi importante para dar início ao processo de colonização do Brasil.

e) Com a introdução do governo-geral, foram extintas as capitanias hereditárias.

3 Cite três fatores responsáveis pelo fracasso do sistema de capitanias hereditárias.

Refletindo

4 Escreva algumas das funções do governador-geral.

5 Releia o texto da página 55, "Repartir para dominar". De acordo com ele, houve uma mudança no relacionamento entre portugueses e indígenas. Que mudança foi essa?

6 Procure conhecer os problemas que os índios enfrentam atualmente, no Brasil, com relação às terras que ocupam. Pesquise em enciclopédias, livros, jornais, revistas e na internet. Anote as informações mais importantes e, depois, troque ideias com a classe.

Pesquisando

7 As Câmaras Municipais do período colonial eram formadas de um pequeno número de vereadores escolhidos pelos homens bons. Faça uma pesquisa sobre a Câmara Municipal de sua cidade; procure saber o número de vereadores, o partido da situação, o nome do presidente da Câmara.

8 Escreva o nome do governador do estado em que você mora e o partido ao qual ele pertence.

9 Pesquise como está organizado hoje o governo no Brasil, quais as atribuições do presidente da República, qual o poder responsável pela elaboração das leis, quais as funções do Poder Judiciário. Compare as atribuições do presidente da República hoje com as dos governadores-gerais no período colonial. O que existe de semelhante? E de diferente?

Capítulo 6

A ECONOMIA AÇUCAREIRA

Colônia tem de dar lucro

Você pode imaginar o motivo que levou os países europeus a terem tanto interesse em possuir colônias?

Era porque as colônias proporcionavam o enriquecimento da metrópole.

Com o Brasil colonial, a situação não foi diferente. O governo português, na metrópole, tomava todas as decisões econômicas, políticas, sociais etc., e os colonos eram obrigados a obedecer.

Construído por volta de 1532, o Engenho dos Erasmos, em Santos, é objeto de pesquisa de arqueólogos da Universidade de São Paulo (USP). Foto de 2008.

Para garantir seus lucros, a coroa portuguesa estabeleceu o monopólio do comércio colonial. Isso significava que o Brasil só poderia fazer comércio com ela, que também fixava os preços dos produtos. Evidentemente, pagava um preço baixo pelo que se produzia na Colônia e cobrava muito alto por tudo que a ela vendia.

A metrópole portuguesa determinava também o que o Brasil poderia ou não produzir. Visando aos interesses do governo e do seu grupo mercantil, só permitia a produção de gêneros que pudesse vender na Europa, com lucro, e proibia a produção de tudo aquilo que queria vender ao Brasil, como manufaturados e produtos de luxo, além de alguns gêneros alimentícios.

Quando a Coroa portuguesa decidiu instalar no Brasil a economia açucareira, vários fatores pesaram nessa escolha:

• a cana teria fácil adaptação ao clima quente e úmido da costa brasileira;

• os portugueses tinham conhecimento das técnicas de plantio e da fabricação do açúcar, já utilizadas na colonização das Ilhas da Madeira e Cabo Verde;

• o açúcar era considerado um produto de luxo na Europa. Seu preço era tão alto que chegou a fazer parte de heranças e dotes de casamento.

Para estabelecer a economia canavieira, era necessária a vinda de pessoas que se fixassem na terra, formando povoamentos e construindo engenhos. Para atraí-las, o governo português ofereceu-lhes algumas vantagens: títulos e honrarias, terras sem necessidade de pagamento, **isenção** do pagamento de alguns impostos etc. Essas pessoas passaram a constituir a camada dos proprietários de terra no Brasil.

Sabe o que os portugueses fizeram para ocupar as terras em que iriam formar suas grandes propriedades e plantar a cana-de-açúcar?

Tomaram-nas dos indígenas. Apesar de eles reagirem, acabaram sendo derrotados. A maioria dos que não fugiram, foram mortos.

Depois de ocupar as terras indígenas, os colonos derrubavam a floresta, que cedia lugar às plantações de cana, à construção de moradias e às instalações do engenho (local em que se fabricava o açúcar).

Sempre que aumentava a procura pelo açúcar no mercado europeu, novas áreas de mata eram derrubadas e ampliava-se o cultivo da cana. Além disso, os proprietários de terras não se preocupavam com a melhoria ou a recuperação do solo. Quando a terra não produzia de forma satisfatória, era abandonada, e a devastação da floresta continuava.

A pintura *O caçador de escravos* (1820-1830) de Jean-Baptiste Debret, mostra índios capturados para trabalhar para os portugueses.

Mas quem iria trabalhar na plantação da cana e na fabricação do açúcar? Sem mão de obra, a economia canavieira nem poderia ser instalada. Para tanto trabalho, havia necessidade de muitos trabalhadores.

Pode parecer mais simples o uso de mão de obra assalariada. Mas, para poder atrair colonos para o Brasil, cujas condições de vida eram difíceis, os salários teriam de ser altos. Isso não interessava aos proprietários de terras, que veriam seus lucros diminuírem.

A solução encontrada pelos colonizadores foi o trabalho escravo. Na fase de instalação, foi utilizada a mão de obra do escravo indígena. Quando a economia canavieira provou sua alta rentabilidade, usou-se a mão de obra do africanos escravizados.

O tráfico de escravos Africanos era mais uma fonte de lucros para Portugal.

Assim, a economia açucareira do Brasil caracterizou-se pela **monocultura**, a grande propriedade e o trabalho escravo.

ATIVIDADES

1) Por que os países europeus tinham tanto interesse em possuir colônias?

_____

_____

2) Portugal tinha o monopólio do comércio no Brasil. O que isso significava?

_____

_____

3) Troque ideias com os colegas de classe:

a) Como os índios usavam a terra?

b) Com o estabelecimento da economia canavieira no Brasil colônia, que mudanças ocorreram quanto ao uso da terra?

c) Quais as diferenças entre a agricultura indígena e as plantações de cana-de-açúcar que passaram a fazer parte da paisagem da Colônia?

4) Por que Portugal decidiu instalar a economia açucareira no Brasil?

_____

_____

_____

5) De quem os portugueses tomaram a terra para iniciar a agricultura? O que faziam depois da ocupação?

_____

_____

6) Como o governo português resolveu o problema de quem iria trabalhar na terra?

_____

_____

7) Quais eram as características da economia açucareira no Brasil?

_____

_____

65

Produzir para exportar

A economia açucareira foi preponderante no Brasil durante os séculos XVI e XVII. A produção estava voltada para o mercado externo e baseava-se na grande propriedade, na qual predominava o cultivo da cana-de-açúcar e o trabalho **compulsório** de africanos trazidos para o Brasil e seus descendentes.

Aquarela de Jean-Baptiste Debret mostra escravos africanos moendo cana-de-açúcar. Século XIX.

> A opção pela grande propriedade ligou-se ao pressuposto da conveniência da produção em larga escala. Além disso, pequenos proprietários autônomos tenderiam a produzir para a sua subsistência, vendendo no mercado apenas um reduzido excedente, o que contrariaria os objetivos da Coroa e dos grandes comerciantes.
>
> FAUSTO, Boris. História do Brasil. São Paulo: Edusp, 1994. p. 48.

Desde a época de sua implantação, a economia açucareira teve a participação direta da classe mercantil holandesa, já ligada comercialmente aos portugueses, desde a conquista da África. Interessados em ficar com uma parte considerável do lucro, os **flamengos**:
- colaboravam com financiamentos para a montagem dos engenhos;
- transportavam em seus navios o açúcar produzido no Brasil, porque a metrópole portuguesa não contava mais com navios suficientes, pois perdera muitos durante a expansão marítima;
- faziam a refinação do açúcar, pois só eles conheciam a técnica de refino;
- distribuíam o açúcar no mercado europeu;
- aplicavam seus capitais para incentivar ainda mais a produção.

Com a instalação do sistema de capitanias hereditárias, a cana foi plantada em várias capitanias. Mas foi no Nordeste, onde atualmente se localizam os estados da Bahia e de Pernambuco, que ela teve melhor adaptação, tornando-se a grande riqueza do Brasil colonial. Nessa região, havia condições favoráveis ao cultivo da cana:
- solo fértil, conhecido como massapê. É um solo negro, argiloso, encontrado na Zona da Mata do Nordeste, próximo ao litoral;
- clima quente e úmido;
- rios perenes.

A grande propriedade açucareira

A grande propriedade rural destinada à produção de açúcar era chamada de engenho. Na realidade, engenho era o local onde se reuniam todas as instalações para a fabricação do açúcar, mas, com o tempo, esse termo passou a ser sinônimo de propriedade canavieira.

No engenho, havia:

- a **casa-grande**, residência do senhor de engenho, sua família e agregados;
- a **senzala**, habitação dos escravos, próxima à casa-grande. Era formada por um ou vários cômodos, janelas com grades e uma única porta;
- a **capela**, anexa à casa-grande, congregava os habitantes do engenho nas cerimônias religiosas;
- as instalações do engenho propriamente dito, oficinas, estrebarias, casas de cobre etc.;
- áreas de plantio de cana, pomar, plantações de produtos destinados à alimentação dos moradores da fazenda e matas para o fornecimento de madeira.

O investimento inicial para a montagem do engenho era bastante alto. O proprietário tinha de adquirir as instalações na Europa, comprar escravos, contratar os trabalhadores assalariados, fazer as construções, limpar a mata para o plantio da cana. Além disso, teria de aguardar aproximadamente 18 meses para colher a cana e iniciar a produção do açúcar.

Paisagem brasileira com um moinho de açúcar, 1661, de Frans Post.

Os colonos com poucos recursos econômicos dedicaram-se apenas ao plantio da cana-de-açúcar. Depois de colhida, a cana era vendida a outros proprietários, que iriam beneficiá-la.

A fabricação do açúcar

As plantações de cana ocupavam a maior parte da grande propriedade rural. Após 18 meses do plantio, os escravos colhiam a cana e a amarravam em feixes. Esses feixes eram transportados em barcos ou carros de bois até a moenda.

Na **moenda**, a cana era lavada e moída para a extração do caldo. Em seguida, esse caldo era levado para as **caldeiras**, em que era fervido em tachos de cobre até se transformar em melaço.

O melaço era encaminhado para a **casa de purgar** e colocado em fôrmas de barro com o formato de um sino. Após aproximadamente 15 dias, o melaço endurecido era retirado das fôrmas e, devido ao seu formato, recebia o nome de pão de açúcar. Estava pronto o açúcar mascavo, de cor dourada.

O mestre de açúcar

Na casa das caldeiras trabalhavam os escravos caldeireiros e tacheiros. O trabalho nesse local era o mais duro e o mais difícil do engenho, porque as pessoas eram obrigadas a suportar o calor da fornalha e o vapor que se desprendia do caldo quente. Mas o trabalhador mais importante da casa das caldeiras era o mestre de açúcar, um homem livre, técnico experiente e o mais bem pago do engenho. Ele comandava todas as etapas da produção de açúcar. Só ele sabia qual era o momento exato de transferir o caldo de uma caldeira para outra. Dele dependiam o resultado da produção e a qualidade do açúcar.

CARMO, Sônia Irene Silva do; CARMO, Valdizar Pinto do. *Açúcar*: passado e presente. São Paulo: Ática, 1996. p. 20.

Para obter um açúcar mais claro, as escravas purgadeiras, como eram chamadas, colocavam sobre os pães de açúcar várias camadas de barro branco. Em contato com o barro, o açúcar ficava mais claro.

Os pães de açúcar eram quebrados em pequenos torrões que, depois de bem secos, eram encaixotados. As caixas eram transportadas para os portos, de onde seriam exportadas para a Europa.

Da cana também se extraía aguardente, mas a produção não se destinava ao mercado externo.

A obra *Moagem da cana na Fazenda Cachoeira, em Campinas* (século XX), de Benedito Calixto, recria um engenho colonial.

A criação de gado

A necessidade de animais para alimentação, tração e transporte provocou o desenvolvimento da atividade pecuarista no Nordeste.

Inicialmente, a criação desenvolveu-se nas fazendas de plantio da cana, mas a penetração dos animais nas plantações levou à separação das duas atividades. Também não interessava à metrópole que as terras férteis litorâneas fossem usadas para a criação, atividade menos rentável. O gado acabou sendo deslocado para o interior.

A criação era extensiva e itinerante, não havendo nenhum cuidado especial com o rebanho, que era mantido solto em pastagens naturais.

A produção de subsistência

A economia de subsistência também foi uma projeção da economia açucareira. Destinava-se a atender às necessidades de consumo do mercado interno, particularmente das fazendas de cana. Era desenvolvida nas grandes propriedades, utilizando a mão de obra escrava. As principais culturas eram de mandioca, milho, feijão, hortaliças e frutas.

Com o crescimento das vilas, tornou-se necessário aumentar a produção de gêneros de subsistência, o que provocou o aparecimento de fazendas especializadas

ATIVIDADES

1) Explique as afirmações abaixo.

a) A cultura da cana-de-açúcar baseava-se na grande propriedade.

b) A produção canavieira estava voltada para o mercado externo.

c) A economia canavieira utilizou o trabalho compulsório dos africanos e seus descendentes.

2 Explique como os holandeses participaram da economia canavieira no Brasil.

_____
_____
_____

3 O que representava a pecuária para a economia canavieira?

_____
_____
_____

4 Caracterize a criação de gado no interior do Brasil no período colonial.

_____
_____
_____

5 Observe com atenção a imagem da página 68 (*Moagem de cana na Fazenda Cachoeira*) e escreva qual a mão de obra que aparece no quadro e qual a força que movimenta a moenda.

Refletindo

6 Procure, em jornais, na internet e em revistas, artigos ou notícias sobre o problema das terras no Brasil hoje. Leia e anote o que achar mais importante. Na classe, discuta com os colegas:

a) Ainda hoje, no Brasil, há grandes propriedades de terras?

b) Como são, hoje, as condições de vida de grande parte das pessoas que trabalham para os proprietários de terras?

7 Na sua opinião, qual o significado da introdução da mão de obra escrava africana no Brasil e que reflexos desse fato estendem-se até os dias atuais.

8 Em grupo, façam um desenho mostrando um engenho: as plantações de cana, a casa-grande, a senzala, a capela etc. Depois, exponham o trabalho no mural da classe, observando as semelhanças e as diferenças com os desenhos de seus colegas.

Pesquisando

9 Pesquise quais as regiões do Brasil que ainda hoje cultivam a cana-de-açúcar e compare a maneira como era feito o açúcar no período colonial com as modernas técnicas de produção.

10 Pesquise e troque ideias, com a classe, sobre a existência, ainda hoje, de trabalhadores que vivem em condições muito semelhantes às dos escravos.

Capítulo 7

A SOCIEDADE DO AÇÚCAR

Imaginando a vida num engenho: o dia a dia de um senhor...

Começa o dia para o senhor de engenho.

Em um dos numerosos quartos da casa-grande, ele acorda, veste-se e vai fazer a primeira refeição do dia.

Ao chegar à ampla sala, já estão lá sua mulher e seus filhos.

A mobília é muito simples, mas os enfeites e as porcelanas são importados da Europa. A mesa está posta, com pão, leite, doces e frutas. A família não tem o trabalho nem de se servir. Afinal, as escravas estão ali para isso.

Um jantar brasileiro, 1827. Aquarela de Jean-Baptiste Debret.

Vista geral de um engenho de açúcar e de uma casa-grande em Pernambuco, gravura de Joan Blaeu, 1640.

Terminada a refeição, enquanto sua mulher cuida do bom andamento da casa, dando ordens para os escravos domésticos, o senhor de engenho vai percorrer a propriedade para verificar o prosseguimento do trabalho.

É época da colheita da cana e há muita coisa a fazer.

Do feitor, pessoa responsável pelo controle do trabalho, ele quer saber se tudo está correndo bem nas plantações, se os escravos estão respeitando as ordens ou se cometeram alguma falta.

Em seguida, o senhor de engenho vai verificar um carregamento de cana-de-açúcar que chegou de uma fazenda próxima à sua. Esse fazendeiro, seu vizinho, só tem as plantações de cana e depende das instalações do seu engenho para beneficiá-la.

Isso lhe dará um bom lucro.

Próximo ao meio-dia, depois de conversar com o mestre do açúcar, o senhor volta para a casa-grande, onde toda a sua família, alguns amigos e vizinhos o aguardam para almoçar.

Na mesa, há muita comida preparada pelas escravas: arroz, feijão, farofa de mandioca, peixe salgado, frutas e doces. O capelão da fazenda faz uma oração de agradecimento e todos começam a comer.

Terminado o almoço, o senhor de engenho conversa com alguns amigos e vai descansar, deitando-se numa rede na varanda da casa.

Foto de 2009 mostra casa-grande e senzala do século XIX que pertencem à Fazenda Pinhal (SP), tombada como patrimônio histórico.

72

A obra *Funcionário do Governo passeia com a família*, uma aquarela sobre papel de 19,2 x 24,5 cm produzida por Jean-Baptiste Debret e publicada em 1831, revela hierarquia da sociedade escrava: à frente vinha o chefe de família, seguido pelas filhas, a esposa com sua dama de companhia e sua ama de leite, o criado do senhor e, por último, dois jovens escravos aprendizes.

Enquanto isso, sua mulher borda e costura junto com algumas escravas, e seus filhos têm aulas com o capelão.

No final da tarde, a família vai para a capela rezar. Depois do jantar, todos ouvem música tocada ao piano pela filha mais velha e vão dormir em suas camas de madeira, cobertas com tecidos adamascados.

Missa na Candelária de Pernambuco, 1835, de Rugendas.

... e o dia a dia dos escravos?

Nem bem clareou o dia, o feitor já está na frente da senzala esperando os escravos para levá-los ao local de trabalho.

Também acordam muito cedo os escravos que trabalham na casa-grande e dormem lá mesmo, em **cubículos**, nos **porões**. Podem comer mais e suas roupas são um pouco melhores, mas não usam nenhum calçado. Alguns escravos recolhem lenha para acender o fogo.

A cozinheira e algumas ajudantes preparam a refeição da família do senhor de engenho.

As mucamas ajudam a senhora e seus filhos a se vestirem e pentearem os cabelos. Enquanto isso, a ama de leite amamenta o filhinho dos senhores, que tem apenas alguns meses de vida, e, certamente, está sentindo muita saudade de seu filho recém-nascido, que ficou na senzala, aos cuidados de outra escrava.

73

Ama de leite escrava com filho de seu senhor. Foto de 1860.

Senhora branca pune criança escrava com palmatória. Foto de 1860, aproximadamente.

Por volta das 11 horas, os escravos interrompem o trabalho na lavoura e no beneficiamento e vão fazer uma refeição, que geralmente consiste em feijão e farinha de mandioca. Algumas vezes, quando estão sozinhas na cozinha, as cozinheiras conseguem misturar pedaços de carnes ao feijão dos trabalhadores, deixando a comida mais nutritiva e gostosa. Elas sempre acrescentam pimentas e outros temperos que conhecem da África.

Depois de comerem, os escravos reiniciam imediatamente o trabalho. Após completarem uma longa jornada de trabalho, quase todos são reunidos pelo feitor.

Alguns escravos ainda ficam trabalhando na fabricação do açúcar. Em certas épocas do ano, a cana é moída sem interrupção.

Esses escravos têm muito medo, pois, apesar de exaustos, devem ficar acordados. Se sentirem sono, podem sofrer graves acidentes.

Os escravos que seguem o feitor de volta à senzala mostram em seu rosto uma profunda tristeza. Antes de serem recolhidos, deverão assistir ao castigo de um escravo de apenas 15 anos. Ele tentou fugir, mas foi apanhado e agora está amarrado ao tronco para ser chicoteado. Seu rosto também será marcado com um ferro em brasa com a letra F de fujão.

Tudo terminado, a porta da senzala se fecha. Os escravos vão dormir amontoados no chão de terra batida.

Capitães do mato, 1835, de Rugendas.

74

ATIVIDADES

1 Qual era a rotina diária:
a) do senhor de engenho?

_____

_____

b) da mulher do senhor de engenho?

_____

_____

c) do feitor?

_____

_____

2 No engenho, a maioria dos escravos trabalhava nas plantações e no fabrico do açúcar. Somente alguns eram encarregados das tarefas da casa-grande.
a) Havia diferença de tratamento entre os escravos da lavoura e os domésticos?

_____

_____

_____

b) Como era a rotina diária dos escravos que trabalhavam na lavoura e no fabrico do açúcar?

_____

_____

_____

3 Troque ideias com a classe sobre a afirmação abaixo e organize um parágrafo com suas conclusões.
Na sociedade colonial, o escravo era visto como objeto e não como ser humano.

_____

_____

_____

_____

75

O poder dos senhores de engenho

Nos séculos XVI e XVII, período em que predominou a economia açucareira, a maioria da população do Brasil vivia no campo. Havia um pequeno número de cidades e vilas, e elas dependiam do meio rural. Mesmo nas áreas onde a cana-de-açúcar não era plantada, a economia também era agrícola, voltada para a produção de gêneros de subsistência.

Assim, a sociedade que se formou no Brasil dessa época era rural e as fazendas eram o centro da vida social.

Na sociedade da época do açúcar, havia poucos homens livres; a maioria da população era formada por escravos. No topo dessa sociedade, constituindo a elite colonial, estava o senhor de engenho, proprietário de terras e de escravos. Seu poder ia além dos limites da fazenda, pois controlava a vida econômica e política das vilas e povoados próximos.

O senhor de engenho exercia total domínio sobre sua família, seus **agregados** e seus escravos; portanto, o regime de organização familiar era **patriarcal**. A autoridade do chefe da família refletia-se em todas as decisões a serem tomadas, desde a escolha do casamento das filhas até a determinação da profissão dos filhos. Por direito de herança, o engenho ficava com o primogênito, e o segundo ou terceiro filho seguia a carreira eclesiástica.

A mulher, embora tratada com respeito pelo senhor de engenho, era considerada um ser inferior. Sem possibilidade de questionar, primeiro obedecia às ordens do pai e, depois de casada, às do marido.

A senhora da casa-grande tinha muitas escravas a seu serviço e sua principal função era manter e supervisionar o cotidiano do lar. Era submissa ao marido e procurava satisfazer todas as suas vontades. Passava a maior parte do tempo dentro de casa, com os filhos, costurando, bordando e fazendo doces; só saía em ocasiões especiais: para casamentos, enterros, cerimônias religiosas.

As filhas viviam em contato com a mãe, aprendendo as funções que iriam exercer depois de casadas. Casavam-se muito cedo, ainda adolescentes, com homens escolhidos pelo pai, geralmente muito mais velhos que elas, os quais, muitas vezes, só conheciam no dia do casamento. As que não casavam eram mandadas para um convento.

Visita a uma chácara nos arredores do Rio, 1828, de Jean-Baptiste Debret.

Livres e pobres

Uma pequena camada de homens livres também fazia parte da sociedade açucareira, mas a maioria tinha uma situação econômica bastante **precária**. Entre eles estavam:
- os assalariados que trabalhavam nos engenhos, como mestres do açúcar, caldeireiros, encaixotadores, tacheiros, purgadores;
- os pequenos proprietários de terras, que plantavam cana. Como não tinham capital suficiente para comprar as instalações para a produção do açúcar, vendiam a cana para os grandes senhores de engenho beneficiá-la e estes, é claro, ficavam com a maior parte do lucro;
- os pequenos proprietários de terras, que plantavam algodão, legumes, cereais;
- os criadores de gado;
- os funcionários do governo e os padres;
- os mascates, vendedores ambulantes que iam de fazenda em fazenda comercializando produtos.

As mãos e os pés do senhor

Os escravos africanos e seus descendentes faziam todos os trabalhos nos engenhos. Um jesuíta italiano, que assinava sob o pseudônimo de André João Antonil, escreveu no século XVIII uma obra chamada *Cultura e opulência do Brasil*, na qual afirmou que os escravos eram "as mãos e os pés do senhor de engenho".

Os escravos compunham a camada mais baixa da sociedade e constituíam a maioria da população, seu trabalho sustentava toda a sociedade colonial, entretanto não tinham direitos de espécie alguma, privados que estavam de toda a liberdade. A riqueza gerada por mãos escravas também escoava para a Europa, indo fortalecer ainda mais os poderosos grupos mercantis naquele continente.

Na fase inicial da instalação das fazendas, os indígenas foram submetidos pelas armas e escravizados. Porém, a sua dispersão pelo território, o fato de serem defendidos pelos jesuítas e, principalmente, o lucro obtido pelo governo e pela classe mercantil portugueses com o tráfico de escravos africanos levaram à substituição da mão de obra indígena pelo trabalho escravo negro.

Em algumas capitanias, os indígenas continuaram sendo escravizados para servir de mão de obra. Na de São Vicente, eles foram escravizados até o final do século XVII e, nas do Pará e do Maranhão, até o final do século XVIII.

Mercancia diabólica

[...] Os senhores poucos, os escravos muitos; os senhores rompendo galas, os escravos despidos e nus; os senhores banqueteando; os escravos perecendo a fome; os senhores nadando em ouro e prata, os escravos carregados de ferros; os senhores tratando-os como brutos, os escravos adorando-os e temendo-os como deuses; os senhores em pé apontando para o açoite, como estátua da soberba e da tirania, os escravos prostrados com as mãos atadas atrás, como imagem vilíssima da servidão e espetáculos da extrema miséria.

Vieira, Sermão XXVII.

Vieira, Sermão XXVII. In: AVANCINI, Elsa Gonçalves. Doce inferno. São Paulo: Atual, 1996. p. 46. (Coleção História em Documentos).

ATIVIDADES

1 Leia com atenção os versos a seguir, trecho de um espetáculo chamado *Missa dos quilombos*, criado em 1982 por Milton Nascimento, dom Pedro Casaldáliga, bispo de São Félix do Araguaia, e Pedro Tierra. O tema dessa peça musical é a escravidão africana no Brasil e suas decorrências.

> Com a força dos braços, lavramos a terra, cortamos a cana, amarga doçura na mesa dos brancos.
>
> Com a força dos braços, cavamos a terra colhemos o ouro que hoje recobre a igreja dos brancos.
>
> Com a força dos braços, plantamos na terra, o negro café, perene alimento do lucro dos brancos.
>
> Com a força dos braços, o grito entre os dentes, a alma em pedaços, erguemos impérios, fizemos a América dos filhos dos brancos!

Nascimento, Milton; Casaldáliga, dom Pedro; Tierra, Pedro. *Missa dos quilombos*. CD. Universal Music, 2000.

a) Os versos se referem à escravidão em várias atividades econômicas no Brasil. Que atividades foram essas?

_____

_____

b) Pelos versos, quem sempre saía ganhando com o trabalho escravo?

_____

c) De acordo com o texto, quem construiu realmente o Brasil?

_____

d) E hoje, no século XXI, quem constrói o Brasil?

_____

_____

_____

2 Dê as principais características da sociedade açucareira.

_____

_____

_____

Refletindo

3) Como era formada, na sociedade açucareira, a camada dos homens livres e pobres?

_____

_____

_____

4) Observe a imagem de Debret (*Um jantar brasileiro*) na página 71.
a) Descreva o ambiente.

_____

_____

_____

b) Cite quantas pessoas estão na cena.

_____

_____

c) Descreva as atividades executadas pelas personagens.

_____

_____

_____

_____

d) Comente sobre as crianças presentes.

_____

_____

_____

_____

Pesquisando

5) Pesquise e troque ideias com a classe sobre o papel da mulher na sociedade açucareira e nos dias atuais. Depois, escreva um pequeno relato sobre o que foi discutido.

Trabalhando em grupo

6) Junto com o seu grupo, faça um cartaz que tenha como título: "Os escravos eram as mãos e os pés do senhor de engenho". Façam desenhos ou coloquem imagens no cartaz para explicar o sentido da frase. Depois, exponha-o no mural da classe. Troquem ideias sobre as diferenças e as semelhanças entre os cartazes dos outros grupos.

Capítulo 8

ESCRAVIDÃO E RESISTÊNCIA NEGRA

A escravidão africana: uma longa e triste história

A escravidão de africanos no Brasil, iniciada com a expansão da lavoura canavieira ainda na primeira metade do século XVI, perdurou até o final do século XIX. Foram quase 400 anos de violência, sofrimento e humilhação a que foram submetidos homens, mulheres e crianças. Essa longa e triste história começou ainda na África, antes de 1500.

Quando os portugueses aportaram na África, começaram a escravizar os africanos para trabalhar em Portugal ou em algumas ilhas do Atlântico. Com armas de fogo, atacavam as aldeias e capturavam homens, mulheres e crianças. Em alguns casos, os lusitanos compravam pessoas que haviam sido escravizados durante conflitos com grupos africanos rivais.

Com o desenvolvimento da lavoura canavieira, o tráfico negreiro transformou-se em um excelente negócio para o governo e para os comerciantes de Portugal. Na África, os escravos eram obtidos em troca de armas de fogo, munição, tecidos, sal, açúcar, aguardente e fumo. No Brasil, eram vendidos por um alto preço.

Navio Negreiro, 1835, de Johann Moritz Rugendas.

Pintura de Cândido Portinari, de 1950, representando um navio negreiro visto de cima.

Após serem marcados com um ferro em brasa nos braços, nas pernas ou no peito, eram acorrentados e amontoados nos porões dos navios, conhecidos como **tumbeiros**, lembrando tumba, sepultura. Muitos não resistiam à viagem, que chegava a durar até quatro meses.

Desembarque de negros vindos da África, em pintura de Rugendas, 1820.

> Estamos chegando da morte nos mares,
> estamos chegando dos **turvos** porões,
> herdeiros do **banzo** nós somos,
> viemos chorar.
>
> NASCIMENTO, Milton; CASALDÁLIGA, Dom Pedro; TIERRA, Pedro. Missa dos quilombos. CD. Universal Music, 2000.

Quando os navios estavam próximos dos portos de desembarque, os comerciantes davam mais comida aos africanos escravizados e permitiam que ficassem algum tempo ao ar livre. Queriam melhorar a condição física deles para poder vendê-los a um preço mais alto.

No mercado de escravos, ficavam amontoados em armazéns. Não havia a preocupação de manter as famílias unidas, pois seriam vendidos individualmente, satisfazendo a escolha dos senhores. O preço das "peças", denominação que recebiam, variava de acordo com a condição física, a idade, o sexo e o peso.

Depois de comprados, os africanos eram levados para as fazendas, onde os aguardavam um trabalho exaustivo, maus-tratos e punições. O senhor, dono absoluto do escravo, fazia dele o que bem entendesse: castigava, maltratava, vendia e até matava. Não devemos nos esquecer que o trabalho do escravizado era importante para o senhor.

O feitor vigiava o trabalho dos escravos e se responsabilizava pela aplicação das punições.

Castigo de escravo que se executa nas praças públicas da cidade, obra de 1836 de Jean-Baptiste Debret.

Por qualquer ordem a que desobedecessem, os escravos eram severamente punidos. Comer uma fruta sem autorização... lá vinha castigo: o tronco, o **bacalhau**, o **vira-mundo** e a **gargalheira**.

81

Comunidade quilombola de Santa Rosa dos Pretos ou do Barão, localizada em Itapecuru Mirim, MA. Foto de 2009.

Quando algum escravo fugia, era caçado pelo capitão do mato que, ao capturá-lo e devolvê-lo ao senhor, recebia um pagamento em troca.

Mas os cativos não aceitavam passivamente a condição de escravos.

Mesmo com meios limitados para reagir e lutar, nunca se submeteram totalmente ao domínio dos seus proprietários e das autoridades que davam suporte ao sistema escravocrata.

Nas fugas coletivas, os escravos se escondiam em lugares de difícil acesso, onde organizavam comunidades conhecidas como **quilombos**. Nesses locais, praticavam a pesca, a agricultura, a criação de animais de pequeno porte e o comércio com os povoados mais próximos. Os habitantes dos quilombos eram chamados de quilombolas.

Ainda existem no Brasil centenas de comunidades remanescentes de antigos quilombos, nas quais a população descendente de escravos africanos preserva a cultura de seus antepassados.

ATIVIDADES

1) Quantos anos durou a escravidão no Brasil?

2) Explique a frase: *A longa e triste história da escravidão começou na África, antes de 1500.*

3 Por que o tráfico de escravos negros era um excelente negócio para Portugal e para os comerciantes portugueses?

4 Qual a sua opinião sobre um homem ser dono e senhor absoluto de outro homem?

5 Quais as formas de resistência dos negros africanos e seus descendentes à condição de escravo no Brasil?

6 O que eram os quilombos?

7 O que significaram os quilombos para a luta dos escravos contra o cativeiro?

As sociedades africanas e a escravidão

Diferentes formas de escravidão já existiam no continente africano, antes mesmo da chegada dos portugueses no século XIV.

Quando os portugueses começaram a conquistar pontos do litoral africano, encontraram sociedades que apresentavam organizações diferentes. Algumas estavam politicamente organizadas em reinos e outras, em grupos familiares. Os reinos possuíam maior desenvolvimento econômico, dedicando-se à agropecuária e ao artesanato. Nesse tipo de sociedade, os escravos eram usados nos trabalhos domésticos, nas cortes ou nas casas dos nobres. Nos grupos familiares, a mão de obra escravizada tinha menor importância. Os cativos eram prisioneiros de guerra, que viviam nas comunidades e executavam grande parte dos trabalhos.

Na tela *Execrável tráfico humano*, de 1791, o pintor George Morland representou famílias sendo separadas ainda na África. Muitos familiares eram embarcados para locais diferentes da América.

Os escravos eram conseguidos principalmente nas guerras, mas existiam casos de pessoas que se tornavam escravos por causa de dívidas, de crimes etc. O comércio interno de escravos era pequeno.

A chegada dos portugueses na África provocou enorme crescimento do comércio externo de escravos, que antes era praticado em menor escala por mercadores árabes.

Os primeiros africanos escravizados chegaram ao Brasil por volta de 1540, mas foi a partir do governo de Mem de Sá que o escravismo Africano ganhou força e acabou se instalando em toda a colônia.

Calcula-se que, no final do século XVI, havia cerca de 14 mil cativos de origem africana no Brasil e, no século seguinte, 560 mil. Por esses números, você pode perceber que o escravismo foi a marca fundamental da economia colonial do Brasil.

Os portugueses trocavam armas de fogo, munição, tecidos, sal, aguardente, fumo, açúcar e outros produtos por escravos. Os portugueses conseguiram dominar o chamado tráfico de escravos até o século XVII. A partir daí, começaram a sofrer concorrência de outros países colonialistas. No século XVIII, a Inglaterra passou a ter a primazia do tráfico negreiro.

O grande deslocamento de pessoas escravizadas da África para as colônias americanas provocou o enfraquecimento de algumas regiões de origem dos africanos, por causa da saída de trabalhadores e das guerras.

A origem dos escravos

Em geral, os africanos que vieram para o Brasil pertenciam a dois grupos culturais:
- **África Central**: originários das regiões onde hoje se localizam Angola, Moçambique e Congo.
- **África Ocidental**: procedentes dos atuais Guiné, Daomé e Costa do Marfim.

O tráfico negreiro (séculos XVI–XIX)

Fonte: ARRUDA, José Jobson de A. Atlas histórico básico. São Paulo: Ática, 2006. p. 38.

Veja no mapa, que representa o tráfico negreiro no período colonial, que os bantos foram introduzidos no Rio de Janeiro e no Nordeste brasileiro, enquanto os sudaneses foram levados para a Bahia.

O uso do trabalho escravo

Você já sabe que os escravos que vieram para o Brasil no século XVI eram destinados aos trabalhos nos engenhos de açúcar, mas não foi só na agricultura que os negros trabalharam. No século XVIII, quando o Brasil começou a explorar o ouro e as pedras preciosas, os escravos negros também foram fundamentais para essa atividade.

85

Não se encontravam escravos apenas nos engenhos e nas minas, eles estavam também nas vilas e cidades que, ao longo do tempo, foram surgindo e crescendo.

Vendedores de leite, 1835, de Jean-Baptiste Debret.

Vendedor de cestos, 1835, de Jean-Baptiste Debret.

A vida nas cidades

Possuir escravos dava prestígio ao homem branco das cidades: quanto mais rico, mais escravos a seu serviço teria o senhor. Nas casas das famílias mais abastadas havia dezenas de escravos domésticos: amas de leite, babás, mucamas, pajens, arrumadeiras, passadeiras, cavalariços, cocheiros e carregadores de liteiras ou "cadeirinhas", onde os brancos eram transportados de um lugar para outro. As pessoas mais modestas procuravam comprar ao menos um "moleque" para carregar os pacotes quando saíam às ruas. Além do serviço doméstico, eram considerados "trabalho dos negros" as obras da construção civil e o comércio ambulante.

QUEVEDO, Júlio; ORDOÑEZ, Marlene. A escravidão no Brasil: trabalho e resistência. São Paulo: FTD, 1996. p. 24-25.

A resistência negra

Os escravos negros reagiam de várias maneiras contra a situação a que estavam submetidos. Contudo, os quilombos representaram uma das mais significativas formas de resistência. Apesar de não existirem registros numéricos precisos relativos à região em que se formaram os quilombos, sabe-se que, no século XVII, seu número era bastante significativo.

O quilombo era muito mais que um simples refúgio de escravos, possuía uma organização política, econômica e social que fazia dele um pequeno Estado. De todos os quilombos, o mais conhecido foi o **Quilombo dos Palmares**, que, por mais de 60 anos, resistiu aos ataques de homens armados, organizados pelos senhores de terra.

Vista das poucas palmeiras que restaram na Serra da Barriga, em Alagoas, onde se estabeleceu o Quilombo de Palmares no século XVII. Foto de 2009.

O Quilombo dos Palmares

No início do século XVII, na Serra da Barriga, atual estado de Alagoas, em uma região conhecida na época como Palmares, começaram a surgir as primeiras aldeias de escravos fugidos. Com o passar do tempo, formaram-se novas aldeias, a população aumentou, atingindo parte dos atuais estados de Pernambuco e Sergipe. Essas aldeias recebiam a denominação de mocambos.

Palmares possuía uma organização política em moldes africanos. Os chefes dos mocambos se reuniam e elegiam um rei. O primeiro rei foi Ganga Zumba, sucedido depois por seu sobrinho, Zumbi, já nascido livre.

Os colonizadores portugueses viam no Quilombo dos Palmares um perigo que contrariava seus interesses. Várias expedições militares foram enviadas para destruí-lo, mas nenhuma conseguia êxito.

O bandeirante Domingos Jorge Velho representado em tela de Benedito Calixto, de 1903.

No ano de 1694, o governador de Pernambuco contratou os serviços do bandeirante Domingos Jorge Velho. Foi organizada uma enorme expedição para atacar Palmares. Homens e canhões abriram caminho no quilombo e alguns quilombolas, para não serem mortos, fugiram por uma passagem junto a um precipício, em que muitos caíram. Zumbi foi atingido por tiros e seus homens foram massacrados.

Porém, os bandeirantes não encontraram o corpo de Zumbi. Ele havia conseguido fugir, mesmo estando muito ferido.

Entretanto, um ano depois, Zumbi foi traído e o entregaram para as forças do governo. Em 20 de novembro de 1695, ele foi morto; seu corpo foi esquartejado e sua cabeça exposta em Recife.

Atualmente no Brasil o dia 20 de novembro é o Dia da Consciência Negra, em homenagem a Zumbi e pela contínua luta dos negros por seus direitos de cidadãos.

Zumbi, representado em pintura de 1927, de Antonio Parreiras.

ATIVIDADES

1 Responda às perguntas.

a) Quando os escravos africanos começaram a chegar ao Brasil?

_____

b) Como os portugueses conseguiam os escravos na África?

_____

_____

c) Cite uma importante forma de resistência negra?

_____

2 Leia o texto do boxe da página 86 sobre a vida dos escravos na cidade e troque ideias com seus colegas sobre a importância das atividades exercidas pelos escravos. As pessoas valorizavam essas atividades?

3 Explique a seguinte afirmação: "Os colonizadores portugueses viam no Quilombo dos Palmares um perigo que contrariava os seus interesses".

_____

_____

_____

Refletindo

4 Conversem sobre como os africanos viviam na sua terra e como passaram a viver, na condição de escravos, no Brasil. Que mudanças ocorreram?

5 Zumbi, o grande líder do Quilombo dos Palmares, foi morto no dia 20 de novembro de 1695. Atualmente, nesse dia, comemora-se o Dia da Consciência Negra. Que relação existe entre os dois fatos?

_____

_____

6 O preconceito racial, apesar de ilegal, ainda existe na sociedade brasileira. Justifique essa afirmação.

_____

Pesquisando

7 Pesquise a respeito dos remanescentes de quilombos nos dias atuais e apresente sua pesquisa à classe da maneira que achar melhor: em forma de cartaz, jornal ou *blog* na internet.

Capítulo 9 — As invasões francesas

Os franceses cobiçam o Brasil

Portugueses e espanhóis foram os pioneiros na expansão marítima e comercial. Já haviam se apossado de muitas terras quando surgiram na França condições de o país entrar no movimento das Grandes Navegações. Francisco I, rei da França, afirmou com ironia "desconhecer, no testamento de Adão e Eva, um item que dividisse o mundo entre Portugal e Espanha". Referia-se claramente ao Tratado de Tordesilhas, manifestando a intenção de não respeitá-lo.

Devido à descoberta de pau-brasil em nossas florestas, o litoral brasileiro passou a sofrer ataques de corsários franceses. A fraca defesa costeira favorecia a ação desses corsários.

Ilha de Villegaignon, na Baía de Guanabara, no Rio de Janeiro, onde hoje funciona a Escola Naval. Foto de 2011.

Eles contaram com a colaboração dos indígenas, que cortavam as árvores e transportavam os troncos até o litoral, em troca de presentes. Além da madeira, levavam também especiarias, ervas medicinais, cocares, peles diversas, papagaios e macacos.

> Desde o início, os mair, isto é, os franceses, como eram chamados pelos Tupinambá, souberam cativar a amizade dos indígenas, morando com eles, vivendo com eles e chegando a se casar com mulheres indígenas. Desse modo conseguiam o que queriam com mais facilidade. Assim tiveram o controle comercial de vários pontos do litoral, o que deixou preocupados os portugueses.
>
> PRÉZIA, Benedito; HOORNAERT, Eduardo. Esta terra tinha dono. São Paulo: Cimi/FTD, 2000. p. 68.

A ambição exagerada tornava as atividades dos franceses cada vez mais perigosa.

Além do contrabando de produtos, faziam o reconhecimento do litoral e a localização dos indígenas mais amistosos. Por duas vezes, tentaram fundar uma colônia no Brasil: no Rio de Janeiro e no Maranhão.

ATIVIDADES

1 Inicialmente, qual o produto que mais atraiu os corsários franceses para o litoral brasileiro?

2 Além de contrabandear produtos brasileiros, qual era o outro objetivo dos corsários franceses?

3 A ação dos franceses foi além de apenas mandar expedições ao Brasil para obter riquezas. O que eles tentaram fazer?

4 Das regiões brasileiras em que os franceses tentaram estabelecer colônias, quais as que se destacaram por ficar mais tempo ocupadas?

A invasão do Rio de Janeiro

De todos os corsários que buscaram o litoral brasileiro para contrabandear os produtos da terra, os franceses eram os mais temidos pelo governo português. Em várias ocasiões, tentaram se estabelecer em diferentes pontos do litoral. Dessas tentativas, duas se destacam: a invasão do Rio de Janeiro, em 1555, e a do Maranhão, em 1612.

Na época em que o Brasil colônia vivia sob o governo-geral, na França, a religião protestante ganhava cada vez mais força e o número de adeptos aumentava. Essa situação provocou vários conflitos religiosos no país, e os protestantes franceses, conhecidos como huguenotes, sofreram perseguições violentas por parte dos católicos. Esses protestantes eram liderados pelo almirante Gaspar de Coligny, homem forte do governo.

Na mesma época, o vice-almirante Nicolau Durand de Villegaignon planejou fundar uma colônia francesa no Brasil, que receberia o nome de **França Antártica**. Essa colônia tinha como objetivo a exploração comercial dos produtos nativos e serviria de abrigo religioso aos huguenotes.

Não possuindo recursos econômicos para financiar tal empreendimento, Villegaignon conseguiu auxílio de Coligny e, por meio dele, do rei Henrique II. Afinal, há muito tempo os reis franceses estavam interessados na exploração do Brasil.

Os franceses chegam à Guanabara

Com 600 homens a bordo, em novembro de 1555, a esquadra de Villegaignon chegou à Baía de Guanabara. Os franceses aportaram numa pequena ilha, a Ilha de Serijipe (mais tarde chamada Villegaignon), onde edificaram um forte, denominado forte Coligny.

Nessa região, viviam os índios tupinambás, subdivididos em vários grupos. Um desses grupos, o dos tamoios, tornou-se aliado dos franceses. Há muito tempo os tamoios lutavam contra os portugueses, que queriam escravizá-los. Com o apoio dos franceses, várias tribos indígenas da região de São Paulo e do Rio de Janeiro se uniram, fazendo uma aliança de guerra, e formaram a **Confederação dos Tamoios**.

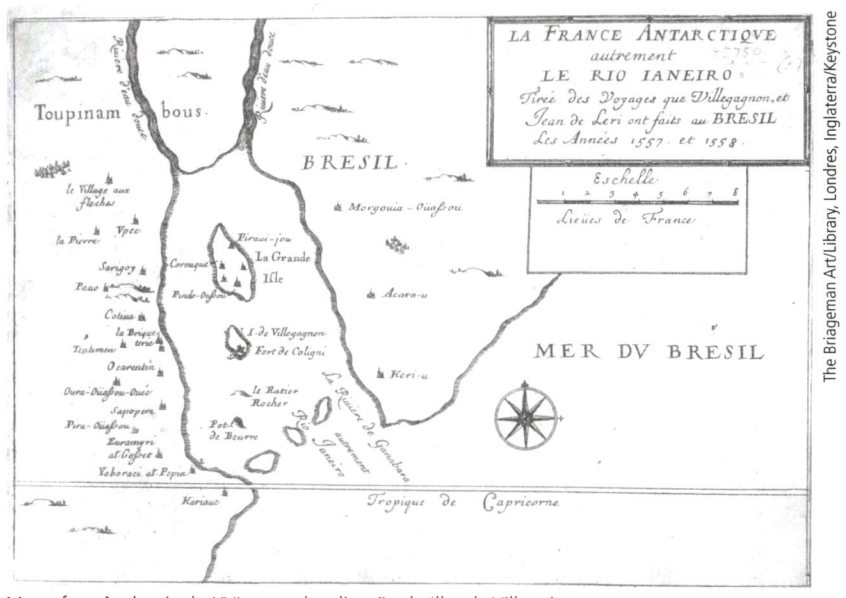

Mapa francês do século XVI com a localização da Ilha de Villegaignon.

Villegaignon tentou dar início ao processo de colonização organizando expedições a fim de examinar a possibilidade de fundar uma povoação em terra firme. Contudo, os homens que Villegaignon trouxera não estavam nada satisfeitos com a situação que encontraram no Brasil.

> O primeiro contato com a nova terra já bastara para despertá-los [os franceses] do sonho em que tinham sido **acalentados**, de que achariam aqui notável fortuna de **víveres**. [...] a estranheza e o desalento que logo se apoderaram daquela gente quando forçada a viver de raízes e frutas, em lugar do pão de trigo, assim como de água de **cisterna**, em vez de vinho, e tudo em porções tão **mesquinhas**, [...] que dava pena, pois cada quatro pessoas tinham de contentar-se com aquilo que normalmente caberia a um.
>
> HOLANDA, Sérgio Buarque de. *História geral da civilização brasileira*. Rio de Janeiro: Bertrand Brasil, 1989. p. 150.

Começa a reação portuguesa

A situação da França Antártica não era boa. Os colonos franceses também estavam descontentes com a forma **austera** como Villegaignon os tratava, e havia muita divergência entre católicos e protestantes. No final do ano de 1558, Villegaignon regressou à Europa, deixando um sobrinho no comando.

Em 1560, o governador Mem de Sá, contando com dois navios vindos de Portugal, indígenas aliados e reforços fornecidos pela capitania de São Vicente, atacou a França Antártica. Os franceses foram obrigados a desocupar seus pontos de defesa e procurar abrigo nas aldeias dos tamoios. Mem de Sá mandou destruir o forte Coligny.

Entretanto, como o governador-geral não contava com pessoal suficiente para ocupar a região conquistada, ordenou o abandono da área, o que possibilitou aos franceses ocupar novas posições. Para expulsá-los definitivamente, novos reforços foram pedidos à metrópole portuguesa. Além disso, os tamoios, liderados por Cunhambebe, voltaram a atacar os portugueses.

Desenho de Theodore de Bry, produzido no século XVI, representa a batalha entre portugueses e franceses.

A derrota francesa

Em 1563, os padres Manuel da Nóbrega e José de Anchieta resolveram negociar a paz com os tamoios. Partiram para Iperoig (atual Ubatuba, no estado de São Paulo) e, após três meses, conseguiram que o chefe tamoio passasse para o lado dos portugueses.

Em 1565, Estácio de Sá, sobrinho do governador que comandara os reforços enviados por Portugal, reuniu embarcações e pessoal, inclusive indígenas temiminós, chefiados por Arariboia, e partiu para o Rio de Janeiro. Em 1º de março, desembarcou na Baía da Guanabara e fundou, entre os morros Cara de Cão e Pão de Açúcar, o povoamento de São Sebastião do Rio de Janeiro. Desse povoado, os portugueses atacaram as naus francesas e os indígenas que ainda permaneciam ao lado dos invasores.

Em 1567, Mem de Sá, reunindo novas forças, uniu-se ao seu sobrinho, e eles expulsaram definitivamente os franceses. Estácio de Sá foi ferido no rosto por uma flecha envenenada e morreu. Mem de Sá ordenou a mudança do povoado, e o lugar escolhido foi o Morro de São Januário, mais tarde chamado Morro do Castelo.

Partida de Estácio de Sá, pintura de Benedito Calixto (século XX).

Os franceses no Maranhão

Apesar de expulsos do Rio de Janeiro, os franceses continuaram atacando o litoral brasileiro e contrabandeando produtos, tendo como aliados vários grupos indígenas.

No século XVII, os franceses de novo resolveram organizar uma colônia no Brasil. Daniel de la Touche, senhor de La Ravardière, apoiado pelo governo da França, obteve a concessão de estabelecer essa colônia: a **França Equinocial**.

Foi organizada uma expedição de três navios, contando com a participação de fidalgos e aventureiros. Em 1612, os franceses atracaram na Ilha do Maranhão, onde ergueram o forte de São Luís, em homenagem ao rei da França, Luís XIII. A partir desse forte, exploraram a costa até a foz do Rio Amazonas e entraram em contato com povos indígenas.

A expulsão dos franceses

O governador-geral Gaspar de Sousa organizou uma expedição, comandada por Jerônimo de Albuquerque, para reconquistar o Maranhão. Em 1614, a expedição partiu de Pernambuco e, após três meses, atingiu o Maranhão. Chegaram a Gaxenduba, no continente, em frente à Ilha do Maranhão. Foi construído um forte, que recebeu o nome de Santa Maria.

Os franceses atacaram os portugueses, mas foram repelidos. La Ravardière propôs uma trégua. Foram enviados emissários para a Europa, a fim de que os soberanos decidissem a posse da região. Nessa época, Portugal estava sendo governado pela Espanha, porque ocorrera a união dos dois países, na chamada União das Coroas Ibéricas. O rei Felipe III, espanhol, não aceitou a paz e ordenou que nova expedição atacasse os invasores franceses.

Os reforços comandados por Alexandre de Moura uniram-se a Jerônimo de Albuquerque. Em 1615, os franceses foram definitivamente derrotados e abandonaram a região.

Desde então, Portugal sentiu que era necessário defender o nordeste e o norte brasileiros e deu início a um povoamento mais efetivo nessas regiões.

ATIVIDADES

1) Responda às perguntas.
   a) Qual a relação entre a expansão do protestantismo na França e a invasão francesa de 1555 no Rio de Janeiro?

   b) Como os indígenas colaboraram com os franceses no Rio de Janeiro?

Refletindo

2) Você percebeu que no início da colonização tinha muita gente em guerra no que então era a colonia portuguesa na América? Eles lutavam pela terra e por suas riquezas. Faça uma tabela identificando os povos que se confrontaram na época das invasões francesas e os interesses de cada grupo.

Pesquisando

3) "Guardiões da História" talvez seja um bom título para os fortes brasileiros. São vários espalhados pelo Brasil. Vamos pesquisar: o que é um forte? Qual sua função no Brasil colonial? Por que afirmamos que são "guardiões da História"?

Capítulo 10

As invasões holandesas

O açúcar atrai os holandeses

Desde o início do século XVI, Holanda e Portugal mantinham intensas relações comerciais. Os holandeses distribuíam, na Europa, especiarias, vinho, madeira e açúcar de Portugal, e vendiam trigo, manteiga, queijo e manufaturas para os portugueses.

Os holandeses também participavam diretamente da economia canavieira do Brasil, desde o momento de sua implantação. Devido à falta de capital dos portugueses, os holandeses colaboraram com o financiamento para a montagem dos engenhos. Os navios holandeses transportavam para a Europa o açúcar mascavo produzido no Brasil, refinavam-no e distribuíam-no ao mercado europeu. Muitas vezes, aplicavam capitais para incentivar ainda mais a produção.

Cidade Maurícia, de Frans Post, 1671, núcleo de povoamento fundado por Maurício de Nassau e que deu origem a Recife.

No final do século XVI, a parceria comercial entre portugueses e holandeses foi interrompida. Em 1580, quando Portugal e suas colônias passaram para o domínio espanhol, a Espanha estava em guerra com a Holanda. O rei espanhol, Felipe II, impôs uma série de entraves aos navios holandeses, provocando a interrupção do comércio de vários produtos, inclusive do açúcar brasileiro.

Essas medidas não só prejudicaram o comércio holandês, como também os portugueses, que, devido à falta de vários produtos, viviam sob a constante ameaça da fome.

Diante dessa situação, o governo espanhol cedeu e assinou a Trégua dos Doze Anos (1609-1621), permitindo o reinício do comércio entre Portugal e Holanda.

Quando a Trégua terminou e o comércio seria de novo paralisado, um grupo de comerciantes holandeses fundou a Companhia das Índias Ocidentais, cujo objetivo principal era a conquista de territórios na América e na África.

Os holandeses promoveram duas invasões no Brasil: a primeira na Bahia e a segunda em Pernambuco.

ATIVIDADES

1) De que forma os holandeses colaboraram para a implantação da economia canavieira no Brasil?

2) Que acontecimento ocasionou a interrupção da parceria comercial entre Portugal e Holanda?

3) O que foi a Trégua dos Doze Anos?

4) O que era a Companhia das Índias Ocidentais?

5) Que locais foram escolhidos pelos holandeses para invadir o Brasil?

Portugal sob o domínio da Espanha

Em 1578, o rei de Portugal, D. Sebastião, com apenas 24 anos de idade, morreu em luta contra os **mouros** em Marrocos (África), sem deixar filhos. Na ausência de um sucessor direto, o trono de Portugal passou para seu tio-avô, o cardeal D. Henrique, primeiro da linha de sucessão.

Quatro netos de D. Manuel (o rei da época em que Cabral chegou ao Brasil) começaram a disputar o trono de Portugal; o mais forte deles era Felipe II, rei da Espanha. O parentesco entre os reis dos países ibéricos teve início quando D. Manuel casou-se com a filha de um rei espanhol.

O cardeal D. Henrique morreu em 1580, sem que o problema da sucessão estivesse resolvido. Em troca de **concessões**, Felipe II conseguiu apoio de comerciantes e nobres portugueses, mas enfrentou oposição dos nacionalistas, que não queriam que seu país caísse sob o domínio estrangeiro.

Em agosto de 1580, tropas espanholas invadiram Portugal, venceram várias batalhas e anexaram esse país à Espanha. No ano seguinte, o governo de Felipe II foi considerado legítimo pelas Cortes portuguesas. Iniciava-se, assim, o período conhecido como **União Ibérica**. As colônias portuguesas também passaram para a Espanha, ampliando-lhe significativamente o Império.

O domínio espanhol sobre Portugal e suas colônias se prolongou até 1640. Durante esse período, Portugal conseguiu manter:
- certa autonomia, sendo governado por vice-reis;
- funcionários portugueses na administração das colônias;
- a moeda e o idioma português como oficiais.

No entanto, Portugal e suas colônias passaram a ser alvo da França, da Inglaterra e da Holanda, nações adversárias da Espanha. No Brasil, ocorreram vários ataques de corsários franceses e ingleses e duas invasões holandesas.

O açúcar e os holandeses

Você já sabe que:
- os holandeses tinham grande interesse na economia açucareira do Brasil, eram responsáveis pelo transporte, pela refinação e pela distribuição do açúcar, faziam investimentos na produção e ficavam com grande parte dos lucros;
- quando Portugal e suas colônias passaram para o domínio espanhol, a Espanha estava em guerra com a Holanda e o comércio holandês começou a sofrer constantes interrupções, graças às medidas tomadas pelo rei Felipe II.

Diante da situação imposta por Felipe II, e para manter o domínio comercial sobre o açúcar, comerciantes holandeses, em 1621, fundaram a **Companhia das Índias Ocidentais**. Seu principal objetivo era conquistar terras no Brasil e negociar diretamente com os produtores de açúcar.

[...] A principal riqueza cobiçada pelos holandeses tornou-se o açúcar produzido no Brasil.

Isso foi expresso claramente num documento holandês escrito em 1623, [...] dirigido ao príncipe de Orange e aos Estados Gerais dos Países Baixos. Dos XXI motivos expostos pelo autor, destacamos o XIV:

"Estando a Companhia das Índias Ocidentais em perfeito estado, ela não pode projetar coisa melhor e mais necessária do que tirar ao Rei de Espanha a terra do Brasil, apoderando-se dela. As razões para isso são muitas, de várias espécies e óbvias, das quais eu citarei apenas aquelas que, conforme a minha opinião, forem mais importantes [...]

XIV – Desta terra do Brasil podem, anualmente, ser trazidas e aqui vendidas sessenta mil caixas de açúcar. [...] ter-se-ia um lucro de, aproximadamente, cinquenta e três toneladas de ouro."

Citado por Elza Gonçalves Avancini. Motivos por que a Companhia das Índias Ocidentais deve tentar tirar ao rei de Espanha a terra do Brasil e isto quanto antes. In: Doce inferno. São Paulo: Atual, 1991. p. 36-37.

Os holandeses invadem a Bahia

A Companhia das Índias planejou invadir a Bahia, região produtora de açúcar. Em 1624, uma esquadra holandesa bombardeou Salvador, a capital da Colônia. Em pânico, os habitantes fugiram da cidade. Em 24 horas, Salvador caiu em mãos dos invasores, e o governador-geral do Brasil, Diogo Mendonça Furtado, foi preso e enviado para a Holanda.

O bispo D. Marcos Teixeira organizou grupos de guerrilha para resistir aos invasores. Era a tática de ataques rápidos, que desgastava o inimigo. Os holandeses eram impedidos de avançar para o interior e, com isso, não conseguiam obter provisões.

Em 1625, uma grande esquadra luso-espanhola foi enviada para lutar e expulsar os invasores. Derrotados, os holandeses foram obrigados a deixar o Brasil.

O fracasso da invasão da Bahia prejudicou financeiramente a Companhia das Índias, mas, em 1628, os holandeses atacaram navios espanhóis e se apossaram das mercadorias, principalmente prata. Com as finanças recuperadas, a Holanda novamente voltou seus olhos para o Brasil.

A invasão de Pernambuco

Na segunda invasão holandesa, o alvo foi Pernambuco, naquela época a maior região produtora de açúcar do mundo.

Em 1630, uma enorme frota holandesa chegou a Pernambuco. A defesa organizada pelo governador Matias de Albuquerque foi insuficiente, caindo Olinda e posteriormente Recife nas mãos dos invasores.

Matias de Albuquerque organizou, entre Olinda e Recife, o forte do Arraial do Bom Jesus, que durante cinco anos foi um importante núcleo de resistência, do qual participavam senhores de engenho, escravos e indígenas. O governo pernambucano queria evitar que os holandeses penetrassem no interior, onde se localizavam os grandes engenhos.

Contudo, essa situação mudou quando alguns brasileiros passaram para o lado dos holandeses, principalmente Domingos Fernandes Calabar, que havia lutado na defesa do Arraial do Bom Jesus. A colaboração de Calabar, conhecedor da região e do sistema de defesa, foi fundamental para a expansão holandesa no Nordeste.

Em 1635, o Arraial do Bom Jesus foi dominado, mas Matias de Albuquerque conseguiu prender Calabar, que foi julgado por crime de alta-traição e executado.

O Forte de Santa Cruz de Itamaracá, localizado na Ilha de Itamaracá, no litoral norte do estado de Pernambuco, é popularmente conhecido como Forte Orange, por ser uma construção holandesa do século XVII. Foto de 2011.

O governo de Maurício de Nassau

Para consolidar sua conquista, a Companhia das Índias escolheu João Maurício de Nassau-Siegen para governar o Brasil holandês. Ele chegou a Pernambuco no ano de 1637 e foi um hábil administrador. No mesmo ano, derrotou as forças de resistência em Porto Calvo.

A política de Nassau em relação à área dominada era de manter relações amistosas entre a administração holandesa e a população local. Entre as realizações de Nassau, destacam-se:

- incentivo à economia açucareira, emprestando dinheiro para os senhores de engenho que estavam em dificuldades econômicas, e construção de novos engenhos;
- incremento da escravidão, garantindo o abastecimento de mão de obra para as lavouras;
- criação de hospitais e orfanatos;
- garantia de liberdade religiosa, apesar de vir de um país protestante;
- urbanização de Recife, com a construção de pontes, canais, palácios, museus, jardim botânico;
- grande incentivo às artes e ciências. Nassau trouxe artistas e cientistas. Os pintores retrataram paisagens e a vida cotidiana, e os cientistas estudaram a flora e a fauna do Brasil.

Em 1640, durante o governo de Maurício de Nassau, Portugal conseguiu se libertar do domínio espanhol. Teve início então a dinastia de Bragança, com a coroação do rei D. João IV.

Extensão máxima do domínio holandês (século XVII)

Você pode ver no mapa relativo ao século XVII que, nos 24 anos em que permaneceram no Brasil, os holandeses controlaram todo o Nordeste açucareiro, com exceção da Bahia. O Ceará e o Maranhão foram invadidos no governo de Maurício de Nassau.

Fonte: ARRUDA, José Jobson de A. *Atlas histórico básico*. São Paulo: Ática, 2005. p. 37.

Vista da cidade Maurícia e do Recife, 1657, de Frans Post.

Contudo, a política de Nassau descontentou a Companhia das Índias Ocidentais, que considerou algumas medidas prejudiciais aos seus interesses. A companhia chegou a acusá-lo de pretender formar um império soberano no Brasil.

Em 1644, Nassau foi destituído e voltou para a Holanda. Com sua saída, o novo governo tomou várias medidas que descontentaram a população local, entre elas, o aumento dos impostos, o **confisco** de propriedades e a **intolerância** religiosa.

Os holandeses são expulsos

A reação aos holandeses teve início em 1642, no Maranhão, mas só se intensificou em 1645, com a eclosão da **Insurreição Pernambucana**.

Esse movimento, do qual participaram brancos, negros e índios, foi liderado pelos senhores de engenho André Vidal de Negreiros e João Fernandes Vieira, pelo negro Henrique Dias e pelo indígena Felipe Camarão.

Várias batalhas foram travadas, das quais se destaca a de **Monte Tabocas** (1645), na qual os revoltosos saíram vitoriosos. Em 1648 e 1649, ocorreram as duas **Batalhas dos Guararapes**; os revoltosos venceram e impediram o ataque holandês ao centro de abastecimento. Finalmente, em 1654, com reforços portugueses, os holandeses foram definitivamente derrotados na **Campina do Taborda**.

Em 1661, Portugal e Holanda assinaram um tratado de paz, pelo qual a Holanda desistia de suas pretensões sobre o Brasil, em troca de uma indenização. Após serem expulsos, os holandeses levaram seu capital para as Antilhas, estabelecendo nessa região uma área produtora de açúcar, que fez concorrência com a produção brasileira, provocando seu declínio.

Antônio Felipe Camarão: nascido no Rio Grande do Norte. No comando de grupos indígenas, distinguiu-se em várias batalhas contra os holandeses. Convertido ao cristianismo, foi batizado com o nome de Antônio, ao qual, mais tarde, acrescentou o de Felipe, em homenagem ao rei da Espanha. Camarão era o seu nome indígena (Poti).

Henrique Dias: nascido em Pernambuco, era filho de escravos libertos. Ofereceu-se para lutar contra os holandeses, comandando grupos de negros. Pela sua ação nos combates, recebeu o foro de fidalgo, a patente de cabo e o título de governador dos negros e mulatos do Brasil.

Adaptado de Dicionário de História do Brasil. São Paulo: Melhoramentos. 1976.

ATIVIDADES

1) Brincando de jornalista.
Faça de conta que você é um jornalista europeu e tem de dar, na primeira página do seu jornal, a notícia de que Portugal caiu sob o domínio espanhol. Escreva em seu caderno a notícia, criando um título interessante.

2) Que razões levaram os holandeses a invadir o Brasil?

_____

_____

_____

3) Escreva um pequeno texto sobre a invasão holandesa na Bahia.

_____

_____

_____

_____

4) O que foi o Arraial do Bom Jesus?

_____

Refletindo

5) Releia o documento da página 97 e observe o mapa da página 99.
Agora escreva quais elementos podemos perceber no mapa e no documento que nos indicam os interesses holandeses no Brasil.

_____

_____

_____

6) Converse com seus colegas sobre a estratégia da política de Nassau, em relação à área dominada, de manter relações amistosas entre a administração holandesa e a população local. Em seguida, escreva um parágrafo sobre as conclusões a que chegaram.

_____

_____

_____

_____

Capítulo 11

EXPANSÃO TERRITORIAL

As fronteiras avançam

"Os portugueses andavam arranhando as costas como caranguejos."

Quem fez essa afirmação foi frei Vicente do Salvador, um dos primeiros a escrever sobre a História do Brasil. Ele quis dizer que os portugueses se preocupavam apenas em colonizar o litoral.

As terras americanas que pertenciam a Portugal pelas disposições do Tratado de Tordesilhas correspondiam aproximadamente a um terço do Brasil atual. Como você pode ver no mapa, no século XVI, os portugueses ocupavam apenas alguns pontos do litoral.

A formação dos primeiros núcleos de povoamento se deu graças à implantação da economia canavieira e à defesa do território contra os ataques estrangeiros.

Ocupação da América portuguesa no século XV

TERRAS PERTENCENTES À ESPANHA

TERRAS PERTENCENTES A PORTUGAL

- Natal - 1593
- Filipeia - 1595
- Iguaçu - 1636
- Olinda - 12535
- São Cristóvão - 1590
- Salvador - 1549
- São Jorge dos Ilhéus - 1536
- Santa Cruz - 1536
- Porto Seguro - 1535
- N. S. da Vitória - 1551
- Espírito Santo - 1551
- São Sebastião do Rio de Janeiro - 1536
- São Paulo - 1554
- Santos - 1534
- São Vicente - 1532
- N. S. da Conceição de Itanhaém - 1561
- Cananeia - 1600

OCEANO ATLÂNTICO

Áreas sob influência das cidades e vilas

Áreas conhecidas, porém sem cidades e vilas

Fonte: ARRUDA, José Jobson de A. *Atlas histórico básico.* São Paulo: Ática, 2005. p. 36.

Os portugueses não conheciam quase nada do interior, onde povos indígenas viviam livremente. Como, então, conseguiram se apossar de um território tão grande?

A expansão da pecuária, a exploração das drogas do sertão, as missões jesuíticas e as bandeiras foram fatores que impulsionaram a colonização portuguesa para o interior, ultrapassando os limites de Tordesilhas.

A expansão da **pecuária** promoveu a ocupação do interior do Nordeste. O gado foi criado inicialmente próximo à região canavieira da Bahia e de Pernambuco. Com o crescimento dos rebanhos, novas áreas iam sendo alcançadas.

Da Bahia, o gado atingiu o interior, até o Vale do Rio São Francisco. Seguindo o curso do rio, chegou às regiões que correspondem aos atuais estados do Piauí, do Maranhão e do Ceará.

A pecuária pernambucana se estendeu por grande parte do território dos atuais estados da Paraíba, do Rio Grande do Norte e do Ceará.

Os colonos portugueses e as missões jesuíticas ocuparam grande parte da região amazônica, incorporando aos domínios de Portugal uma vasta área que, pelo Tratado de Tordesilhas, pertencia à Espanha.

Os colonos dedicaram-se à exploração das chamadas drogas do sertão, que eram produtos naturais colhidos na floresta (cacau, anil-bravo, cravo, baunilha, castanha-do-pará, ervas medicinais e aromáticas). Também fizeram o apresamento de indígenas, usados na extração dos produtos ou vendidos para o Maranhão, onde havia se instalado a empresa do açúcar.

Entre as "drogas do sertão" estavam a castanha do Pará...

... e o cacau. Fotos de 2008

As missões religiosas eram aldeamentos indígenas chefiados pelos padres jesuítas. Nelas os nativos recebiam formação religiosa cristã e aprendiam a trabalhar de acordo com a disciplina dos brancos.

A região que corresponde ao Rio Grande do Sul pertencia à Espanha, mas os portugueses a ocuparam aos poucos, com a criação de gado, as missões jesuíticas e a fundação de uma colônia, que recebeu o nome de Colônia do Sacramento.

No desbravamento do interior do Brasil também se destacaram as bandeiras. A maioria delas partiu da capitania de São Vicente, mais particularmente da Vila de São Paulo. Essas expedições armadas tiveram como objetivo inicial o **apresamento** de indígenas para o escravismo e, posteriormente, dedicaram-se à procura do ouro. Partindo em várias direções, as bandeiras chegaram ao Sul, Norte e Centro-Oeste do Brasil.

Você deve estar se perguntando: será que o governo espanhol aceitou pacificamente esse avanço português sobre suas terras? Nem sempre. Ocorreram conflitos e firmaram-se tratados.

Vamos agora acompanhar com mais detalhes essa história.

ATIVIDADES

1) Comente as frases abaixo, justificando por que estão corretas ou incorretas.

a) A implantação da economia canavieira levou Portugal a formar núcleos de povoamento no Brasil.

_____

_____

b) No século XVI, os portugueses ocupavam alguns pontos do interior, avançando além do Tratado de Tordesilhas.

_____

_____

c) Pelo Tratado de Tordesilhas, o território do Brasil, no século XVI, era igual ao de hoje.

_____

_____

d) Outro fator que levou à formação de núcleos de povoamento foi a necessidade de defesa contra ataques estrangeiros.

_____

_____

_____

2) Que fatores levaram Portugal a romper os limites do Tratado de Tordesilhas?

_____

_____

_____

_____

3) O que eram as drogas do sertão?

_____

_____

4) O que eram missões jesuíticas?

_____

Refletindo

5 Conheça um trecho deste samba-enredo:

Pelos campos de Piratininga
Tupiniquins cantavam e dançavam ao luar
Contemplavam a natureza
Com a fartura da caça e da pesca do lugar
Jesuítas ali chegaram
Fundam São Paulo, nossa terra da garoa
Em volta da escola se formou
Aquele povoado prosperou
Dali partiram bravos bandeirantes
Desbravadores em busca de riquezas [...]

Sociedade Rosas de Ouro, 2004.
Disponível em: <http://letras.terra.com.br/sociedade-rosas-de-ouro/1145841/>. Acesso em: jun. 2008.

Responda:

a) A qual região esta música se refere?

_____

b) Segundo a música, quem eram os habitantes do lugar?

_____

c) Quem foram os jesuítas?

_____

_____

d) Explique: "Em volta da escola se formou aquele povoado..."

_____

_____

e) Qual a imagem dos bandeirantes que a música nos passa?

_____

_____

f) Essa imagem dos bandeirantes é a totalmente correta? Quais as outras atividades que eles exerciam?

_____

_____

_____

105

A pecuária e a expansão para o interior

Martim Afonso trouxe as primeiras cabeças de gado para a região de São Vicente, e Tomé de Sousa, primeiro governador-geral, determinou que rebanhos fossem introduzidos no Nordeste.

A pecuária foi auxiliar da economia canavieira. O gado atendia às necessidades de alimentação, era usado como meio de transporte e para mover as moendas. Inicialmente, os rebanhos ficavam próximos às plantações de cana. Mas, para suprir o mercado consumidor de açúcar em crescimento, foi necessário expandir essas plantações, e não interessava que as terras férteis do litoral fossem usadas para a criação de gado, atividade menos lucrativa.

A expansão da pecuária (século XVII)

Fonte: ARRUDA, José Jobson de A. *Atlas histórico básico*. São Paulo: Ática, 2005. p. 38

Acompanhe no mapa ao lado o deslocamento da pecuária nordestina nos séculos XVI e XVII. Partindo da Bahia e de Pernambuco, a criação de gado atingiu o Rio São Francisco, apelidado Rio dos Currais, e o interior dos atuais estados do Piauí, Maranhão, Ceará, Rio Grande do Norte e da Paraíba. Observe o sentido da expansão da pecuária. Você pode ver também uma pequena área de criação na capitania de São Vicente, resultado da introdução dos rebanhos por Martim Afonso. Há outra área pecuarista no território do atual Rio Grande do Sul. Essa região pertencia à Espanha e o gado aí criado foi introduzido pelos espanhóis.

O gado era criado solto, em pastagens naturais. A ausência de cercas e a procura por água e pastagens faziam com que os rebanhos se deslocassem constantemente. O seu crescimento levava à ocupação cada vez maior das terras.

A pecuária não exigia mão de obra numerosa. Os vaqueiros, geralmente indígenas ou negros libertos, trabalhavam sob uma forma de parceria conhecida como "quatro por um", isto é, de cada quatro crias nascidas, eles ficavam com uma. Esse sistema permitiu que alguns vaqueiros se tornassem donos de rebanhos.

Nas regiões ocupadas pelo gado foram surgindo povoados, com pequenas lavouras, que serviam para o abastecimento dos vaqueiros.

A ocupação da Amazônia

Você já sabe que os franceses invadiram o Maranhão em 1612 e foram expulsos em 1615. Para evitar novas invasões estrangeiras, foi enviada, em 1616, uma expedição à região amazônica, comandada por Francisco Caldeira Castelo Branco. Ele fundou, na foz do Rio Amazonas, o forte do Presépio, que deu origem à atual cidade de Belém, no Pará.

Para melhor ocupar a região, o Brasil foi dividido administrativamente em dois Estados: Estado do Maranhão e Estado do Brasil.

Em 1637, uma expedição comandada por Pedro Teixeira subiu o Rio Amazonas, atingindo a cidade de Quito, no atual

Forte do Presépio, construído no século XVII, que deu origem a Belém do Pará. Foto de 2008.

Divisão do Brasil em 1621

O Estado do Maranhão, com capital em São Luís, incluía as capitanias do Ceará, do Maranhão e do Grão-Pará. No século XVIII, esse Estado passou a ser denominado Estado do Maranhão e do Grão-Pará e a capital foi transferida para a cidade de Belém. A reunificação administrativa do Brasil só se deu em 1763, no governo do marquês de Pombal, em Portugal.

107

Equador. Mais tarde, foi construído o forte de São José da Barra do Rio Negro, que deu origem a Manaus, atual capital do estado do Amazonas.

Colonos e jesuítas ocupam a Amazônia

Na ocupação da região amazônica, destaca-se a ação dos colonos e dos jesuítas.

- Os colonos tinham como objetivos a exploração das drogas do sertão e o apresamento de indígenas. A mão de obra escrava índia era utilizada na extração das drogas e também vendida para os engenhos do Maranhão.
- Os jesuítas organizaram missões, nas quais os indígenas recebiam formação religiosa cristã. Eram eles que construíam as casas, a igreja, os depósitos e trabalhavam na lavoura, em que eram cultivados produtos para a sobrevivência dos moradores da missão.

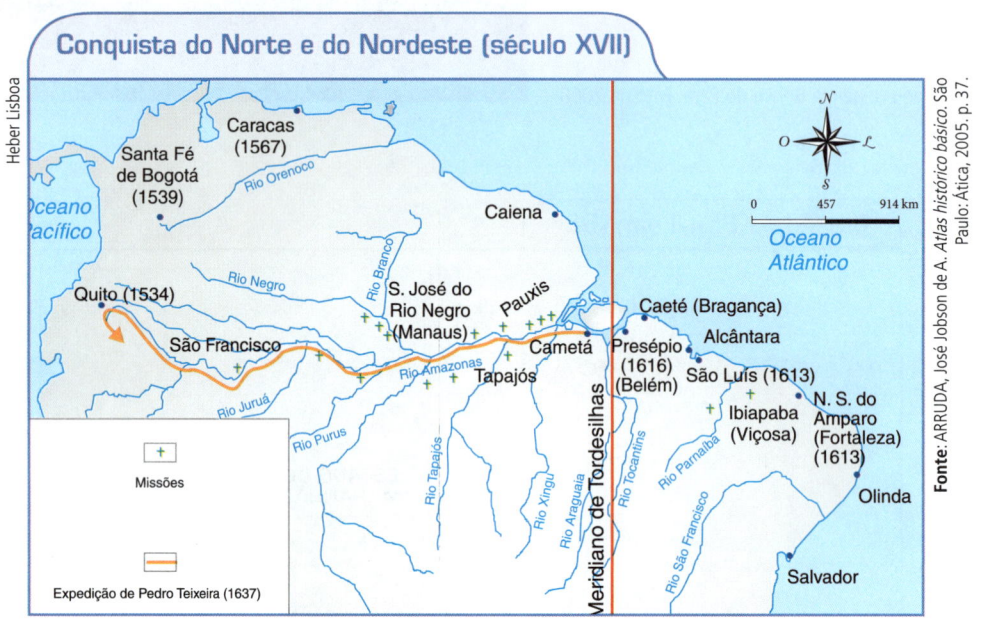

Conquista do Norte e do Nordeste (século XVII)

Fonte: ARRUDA, José Jobson de A. *Atlas histórico básico*. São Paulo: Ática, 2005. p. 37.

No mapa, pode-se ver o grande número de missões religiosas que existiam na região amazônica no século XVII. Todas elas ficavam perto de rios, em locais em que as condições de sobrevivência e transporte eram melhores. Observa-se também o curso da expedição de Pedro Teixeira.

A expansão bandeirante

As bandeiras foram expedições geralmente organizadas por particulares, que penetraram o interior e não respeitavam o limite de Tordesilhas. A maioria partiu da capitania de São Vicente, sobretudo da Vila de São Paulo.

Na segunda metade do século XVI, a economia canavieira prosperava no Nordeste, mas em São Vicente entrou em decadência, pois ali as condições naturais não eram favoráveis ao cultivo da cana-de-açúcar.

Os colonos vicentinos passaram a se dedicar a uma economia de subsistência. Plantavam trigo, milho, mandioca, algodão e frutas e fabricavam tecidos grosseiros. Não tinham condições de comprar escravos negros e, por isso, escravizavam os indígenas.

Mas como conseguir esses escravos?

Era preciso que as pessoas se **embrenhassem** nas matas, capturassem os indígenas e os trouxessem para ser vendidos aos proprietários das lavouras. Muitos paulistas passaram então a se dedicar à captura dos nativos. Começava a primeira fase das bandeiras.

Bandeiras de caça ao índio

O objetivo inicial dessas bandeiras era apresar indígenas e utilizá-los como mão de obra na própria capitania. Mas, no século XVII, o comércio de cativos se tornou um negócio lucrativo para os bandeirantes.

No período do domínio espanhol, os holandeses ocuparam os centros africanos que forneciam escravos. No Brasil, o preço dos escravos negros subiu, e muitos fazendeiros queriam comprar indígenas, porque eram mais baratos.

Por isso, os bandeirantes começaram a atacar as missões jesuíticas, nas quais os indígenas eram mais disciplinados e mais bem adaptados à agricultura.

> Andavam bastante armados [os bandeirantes]. Quando saíam da vila em formação de bandeira, costumavam ir acompanhados de escravos índios e mestiços e só viajavam de manhã; à tarde paravam para montar acampamentos, caçar e pescar. Vestiam-se com calças feitas de algodão, andavam descalços e usavam chapéus de aba caída. Seus costumes eram semelhantes aos dos indígenas.
>
> AFONSO, Eduardo José. A Guerra dos Emboabas. São Paulo: Ática, 1998. p. 10.

- Manuel Preto investiu contra as missões de Guairá, no Paraná, aprisionou os indígenas missionados e transformou-os em escravos.
- Antônio Raposo Tavares destruiu as missões de Itatim, em Mato Grosso, e Tape, no Rio Grande do Sul. Os jesuítas abandonaram a área de Tape, e o gado que criavam ficou solto.
- Fernão Dias Pais Leme atacou missões no Uruguai.

As bandeiras de apresamento declinaram quando os portugueses, livres do domínio espanhol, conseguiram retomar os centros africanos e regularizar o tráfico de escravos negros.

Sertanismo de contrato

Devido ao conhecimento que tinham do interior, na segunda metade do século XVII, alguns bandeirantes foram contratados por pecuaristas e senhores de engenho para o combate de indígenas rebelados e quilombos. Domingos Jorge Velho é o representante mais conhecido desse período, responsável pela destruição do Quilombo dos Palmares, na região onde hoje fica o estado de Alagoas.

À procura do ouro e das pedras preciosas

Apoiados pelo governo português, os bandeirantes organizaram várias expedições, com a finalidade de localizar no interior do Brasil as jazidas de metais e pedras preciosas.

- Fernão Dias Pais Leme seguiu o Vale do Paraíba em direção ao interior de Minas, à procura de esmeraldas. Morreu sem encontrá-las.
- Garcia Rodrigues Pais, filho de Fernão Dias, encontrou ouro em Minas Gerais.
- Pascoal Moreira Cabral encontrou ouro em Cuiabá.
- Bartolomeu Bueno da Silva descobriu ouro em Goiás.

As Bandeiras (século XVII)

Veja no mapa as áreas atingidas no século XVII pelas bandeiras de caça ao índio, de sertanismo de contrato e de procura do ouro. Por onde passavam essas bandeiras surgiam povoados, e alguns deles transformaram-se em cidades. Observe que as bandeiras do sertanismo de contrato ocorriam nas áreas produtoras de açúcar.

As monções

As monções foram expedições que surgiram no século XVIII, já no final do bandeirismo. Avançavam para o interior utilizando os rios. Eram dirigidas para o oeste de São Paulo, descendo o Rio Tietê, de Porto Feliz à foz. Daí seguiam pelo Rio Paraná, avançando por terras de Mato Grosso e Goiás.

Partida de monção. Pintura de José Ferraz de Almeida em 1897.

A ocupação do Sul

A ocupação do Sul foi marcada por constantes conflitos entre portugueses e espanhóis.

Durante o período da União Ibérica, o comércio e o **contrabando** na região do Rio da Prata tornaram-se intensos. A Buenos Aires chegavam embarcações de São Vicente para vender açúcar, algodão e tabaco. Mercadorias vindas da Inglaterra eram comercializadas ilegalmente com os colonos espanhóis, que faziam os pagamentos com prata.

As missões jesuíticas

No século XVII, às margens do Rio Uruguai, jesuítas espanhóis organizaram missões e introduziram a criação de gado.

Em busca de mão de obra indígena, muitas dessas missões foram atacadas e destruídas por bandeirantes paulistas. O gado ficou solto e espalhou-se por grande parte do território do atual estado do Rio Grande do Sul.

Em 1687, os jesuítas retornaram, fundaram os Sete Povos das Missões (São Borja, São Nicolau, São Miguel, São Luís Gonzaga, São Lourenço, São João Batista e Santo Ângelo) e levaram parte do gado solto para criar.

Povoamentos portugueses

Interessado em ocupar territórios e restabelecer o comércio na região do Rio da Prata, o governo português, em 1680, mandou fundar, na margem oposta à que se localizava Buenos Aires, um povoado que recebeu o nome de Colônia do Sacramento. Os espanhóis, descontentes com uma colônia portuguesa em seu território, atacavam-na com frequência.

Observe, no mapa, que na região do Rio da Prata ficam as cidades de Buenos Aires, capital da atual Argentina, e Montevidéu, capital do atual Uruguai. Foi na margem oposta à que se encontrava Buenos Aires que Portugal ordenou a fundação da Colônia do Sacramento. Veja também a localização das cidades de Porto Alegre e Rio Grande de São Pedro. Os Sete Povos das Missões localizavam-se próximo ao Rio Uruguai e seus afluentes.

Fonte: ARRUDA, José Jobson de A. *Atlas histórico básico*. São Paulo: Ática, 2005. p. 39.

Em 1737, Portugal ordenou a criação de um forte e novo núcleo de povoamento no Sul, Rio Grande de São Pedro, e mandou colonos portugueses, principalmente da Ilha dos Açores, para ocupá-lo.

Em 1742, sessenta casais açorianos organizaram um novo povoado, que ganhou o nome de Porto dos Casais (atual cidade de Porto Alegre). Os colonos açorianos introduziram a cultura do trigo e da uva na região.

A ocupação pela pecuária

No século XVIII, efetivou-se a ocupação do Sul pela pecuária. O gado que vivia solto atraiu colonos, que começaram a organizar fazendas de criação. Com o tempo, formaram-se latifúndios pecuaristas denominados estâncias.

O principal negócio era o comércio de couro. Mais tarde, desenvolveu-se uma forte indústria de charque (carne seca e salgada), com mão de obra do escravo negro. Esse charque era exportado principalmente para o Nordeste brasileiro.

Questão de fronteiras

Devido a uma série de fatores, acabaram sendo ocupadas pelos luso-brasileiros regiões que pelo Tratado de Tordesilhas pertenciam à Espanha. A questão diplomática surgida desse fato provocou a elaboração de vários tratados de limites entre os países ibéricos.

Observe no mapa: grande parte do território do Amapá era pretendida pelos franceses, mas os portugueses conseguiram sua posse pelo Tratado de Utrecht. Veja também que o Tratado de Madrid, de 1750, proporcionou praticamente a configuração atual do Brasil. Outras áreas somente foram incorporadas durante o período republicano.

- **Tratado de Utrecht** (1715) – a Espanha reconheceu a posse portuguesa da área em que estava situada a Colônia do Sacramento. Contudo, as desavenças entre os castelhanos do Prata e os luso-brasileiros levaram à elaboração de um novo tratado.
- **Tratado de Madri** (1750) – o diplomata brasileiro Alexandre de Gusmão defendeu os interesses portugueses, ressaltando o princípio do *uti possidetis*, que garante o direito de posse pelo uso. Com a aplicação desse princípio, Portugal teria direito sobre todos os territórios que estivessem ocupados por seus colonos. Contudo, no Sul, esse princípio não vigorou: Portugal ficou com a posse dos Sete Povos das Missões e a Espanha, com a da Colônia do Sacramento. Os jesuítas da região dos Sete Povos não aceitaram essa demarcação e levaram os indígenas à guerra. Isso provocou a assinatura de um novo tratado.
- **Tratado de El Pardo** (1761) – anulou os artigos do Tratado de Madri referentes ao Sul do Brasil, porém manteve as decisões em relação ao Norte e ao Centro-Oeste.
  Mais tarde, as questões de fronteiras foram novamente retomadas e novos tratados foram assinados.
- **Tratado de Santo Ildefonso** (1777) – por ele a Espanha ficou com a posse dos Sete Povos e da Colônia do Sacramento.
- **Tratado de Badajoz** (1801) – determinou a posse dos Sete Povos para Portugal.
  Pelo mapa, você observa que grande parte do território do Amapá era pretendida pelos franceses, mas os portugueses conseguiram sua posse pelo Tratado de Utrecht. É possível também ver que o Tratado de Madri, de 1750, proporcionou praticamente a configuração atual do Brasil. Algumas áreas somente foram incorporadas durante o período republicano.

ATIVIDADES

1) Escreva um pequeno texto sobre a ação dos colonos e dos jesuítas na ocupação da Amazônia.

2) No século XVII, o comércio de mão de obra indígena transformou-se em um negócio lucrativo para os bandeirantes. Explique as razões desse fato.

3) Explique o motivo por que os bandeirantes atacavam principalmente as missões jesuíticas.

4 O que foi o sertanismo de contrato?

_____

_____

5 Escreva um pequeno texto sobre a ocupação do sul do Brasil.

_____

_____

_____

Refletindo

6 Compare a forma como os índios viviam antes da chegada dos portugueses e como passaram a viver nas missões. Se necessário, faça uma pesquisa sobre a vida dos indígenas nas missões.

Pesquisando

7 Junto com o seu grupo, encontre no texto:
a) referências a ações dos bandeirantes que favoreceram a formação territorial atual do Brasil;

b) referências a ações dos bandeirantes contra as populações dominadas pelos europeus.

8 Pesquise quais são, na atualidade, as riquezas da Amazônia e como elas são exploradas. Procure saber como a exploração dessas riquezas afeta a preservação da floresta. Depois troque ideias com os colegas, comparando as pesquisas e anotando as semelhanças e as diferenças entre as informações que conseguiram. Consulte jornais, revistas, internet e livros.

Trabalhando em grupo

9 Leia o texto a seguir e converse com o seu grupo sobre as principais ideias nele contidas. Depois, escrevam uma conclusão da opinião do grupo e exponham no mural da classe. Compare a conclusão de seu grupo com a dos outros, observando as semelhanças e as diferenças.

    Foi a necessidade econômica que impeliu os bandeirantes a ser o que foram. Primeiro, foi a necessidade de escravos. Depois, foi a riqueza do ouro. E, por fim, o estabelecimento do latifúndio. Nessa última atividade, foi comum os bandeirantes atuarem como uma tropa de vanguarda, limpando o terreno para que os futuros latifundiários implantassem suas grandes propriedades. Mesmo aí, dedicaram-se à captura de índios, que eram vendidos como escravos, às vezes para os mesmos senhores que os pagavam para "limpar o terreno".
    [...]
    Houve um ponto comum nessas três fases: o índio sempre era a vítima. Na primeira fase, os bandeirantes, enquanto escravizavam e matavam o índio, promoviam também o descobrimento das rotas fluviais, o conhecimento da terra, mas se desiludiam de não encontrar ouro facilmente. Isso ocorreu até mais ou menos 1696, quando finalmente o ouro foi encontrado.

CHIAVENATO, Júlio José. *Bandeirismo*: dominação e violência. São Paulo: Moderna, 1991. p. 60.

Capítulo 12 — A ÉPOCA DO OURO

As cidades do ouro

Quando se espalhou a notícia de que haviam descoberto jazidas de ouro na Colônia, um grande número de pessoas começou a sonhar em enriquecer rapidamente.

Elas deixaram para trás tudo o que tinham, muitas vezes até a família, e correram para a área mineradora. Aqueles que possuíam melhores condições financeiras levavam consigo dois ou três escravos.

A obra *Caravana de comerciantes (indo para Tijuca)*, de Johann Moritz Rugendas, apesar de pintada em 1835, retrata as condições que os viajantes encontravam no Brasil colonial.

Até em Portugal houve a corrida do ouro. Tanta gente começou a vir ao Brasil que o governo português proibiu a emigração, com receio de que faltasse mão de obra no país.

Os povoados começaram a surgir. Inicialmente, os exploradores reuniam-se em arraiais, formados por cabanas de **pau a pique**, próximos às áreas das jazidas. Nunca deixavam de construir uma capelinha.

Alguns desses arraiais desapareceram, porque foram abandonados assim que começou a escassear o ouro na região. Outros, porém, com a descoberta das grandes jazidas, prosperaram e transformaram-se em muitas das importantes cidades da zona mineira.

As cidades tinham uma vida intensa. Por suas ruas transitavam homens poderosos que iam cuidar de seus negócios, mulheres ricas em **liteiras** carregadas por escravos, pessoas pobres dirigindo-se para o seu trabalho e indigentes, que esmolavam um pouco de comida. Esses eram, geralmente, negros **alforriados** ou mestiços que não conseguiam um trabalho regular e viviam em extrema miséria.

Uma senhora indo à missa numa cadeirinha, 1836, de Jean-Baptiste Debret.

Na praça central da cidade destacavam-se imponentes edifícios: a igreja, a Câmara Municipal e a cadeia. Entre eles ficava o pelourinho, símbolo da autoridade, onde eram punidas, muitas vezes com açoites, as pessoas que cometiam delitos e crimes.

Os grandes proprietários de lavras e de escravos, os altos funcionários da administração pública e os grandes comerciantes moravam em grandes sobrados e levavam uma vida confortável e luxuosa.

Em suas mesas sempre fartas, as porcelanas vinham da China ou da Índia, os copos eram de cristal e os talheres de prata. Vestiam roupas de linho, cetim, rendas, veludos, davam festas que duravam dias e eram servidos pelos escravos domésticos que lavavam, limpavam, cozinhavam, cuidavam das crianças...

Uma das formas de os mineradores ricos demonstrarem sua posição social era pela construção de igrejas. Organizavam-se em grupos e mandavam construir uma igreja mais imponente e luxuosa que as outras. Para isso, contratavam construtores, entalhadores, pintores, escultores e até músicos para tocar nas missas. Muitos desses profissionais vinham de Portugal, mas grande parte deles, principalmente os músicos, era constituída de **mestiços**.

Beleza do altar da igreja da Nossa Senhora da Conceição, em Ouro Preto, Minas Gerais, revela riqueza que a extração do ouro proporcionou à região. Foto de 2006.

Nas ruas estreitas e tortuosas da cidade, ficavam as residências das pessoas livres e pobres, os pequenos estabelecimentos comerciais (em que eram vendidos os alimentos, tecidos grosseiros, bebidas etc.), as hospedarias, os armazéns, os depósitos e as oficinas dos artesãos (pintores, sapateiros, alfaiates, carpinteiros).

Mas quem sustentava a riqueza das cidades do ouro?

Mais uma vez, africanos escravizados e seus descendentes eram utilizados como mão de obra.

Na mineração, os escravos também enfrentavam péssimas condições de trabalho. A jornada começava muito cedo. Para extrair o ouro, abriam galerias, ficavam em lugares pouco ventilados, na água ou atolados no barro.

Como eram obrigados a minerar em lugares perigosos, com muita frequência sofriam acidentes. Muitos morriam soterrados ou devido à queda de penhascos escavados.

Eram vigiados pelo feitor e seus ajudantes, que os puniam por qualquer falta cometida. Recebiam uma alimentação à base de feijão, farinha de milho e toucinho.

Quando, ao final do dia, paravam de trabalhar, eram obrigados a formar uma fila para serem revistados, a fim de se averiguar se haviam levado algum ouro escondido. Na senzala, faziam uma refeição e eram acorrentados para dormir.

Produzida em 1835, a gravura de Johann Moritz Rugendas, *Lavagem de ouro de Itacolomi*, mostra essa atividade no século XIX.

Na cidade mineira de Mariana ainda existe: o pelourinho, símbolo da autoridade municipal na colônia. Foto de 2007.

117

ATIVIDADES

1) O que a notícia da descoberta do ouro provocou no Brasil?

_____
_____
_____

2) Por que o governo português proibiu a emigração para o Brasil no século XVIII?

_____
_____

3) Como se formaram os primeiros povoados na zona de mineração?

_____
_____

4) Responda às perguntas sobre a sociedade mineira:

a) Quem tinha mais privilégios?

_____

b) Qual era o símbolo da autoridade municipal?

_____

c) Quem fazia os trabalhos domésticos e nas minas?

_____

5) A sociedade que se formou na região das minas tinha características essencialmente urbanas. Justifique esta afirmação.

_____
_____
_____

6) Como eram as condições de trabalho nas minas de ouro?

_____
_____
_____

A exploração do ouro

A exploração do ouro organizou-se de duas formas: nas faisqueiras e nas lavras.

- **Faisqueiras**: eram pequenas extrações realizadas por uma pessoa apenas ou com um pequeno número de escravos. O ouro era extraído de depósitos superficiais, geralmente nas areias ou nos cascalhos dos rios e riachos. Era o ouro de lavagem.
- **Lavras**: eram estabelecimentos maiores, com grande número de escravos. O ouro era extraído das vertentes das colinas, com instrumentos especializados.

Serro Frio, pintura de Carlos Julião, século XVIII, mostra extração do ouro em MG.

O rigor da Metrópole

Para tirar o maior proveito da exploração do ouro, os governantes da metrópole portuguesa agiram com bastante rigor não só na fiscalização, como também na cobrança dos impostos. Foi criado um órgão, a **Intendência das Minas**, para fiscalizar a administração, a distribuição das jazidas e a cobrança dos impostos.

Quando uma nova jazida era descoberta, a Intendência deveria ser imediatamente comunicada. Funcionários eram encarregados de demarcar o terreno e fazer a distribuição dos lotes ou **datas**. As pessoas com maior número de escravos ganhavam lotes maiores. Era dado um prazo de quarenta dias para que se iniciasse a exploração do ouro. Caso o prazo não fosse cumprido, a pessoa perderia o lote.

O quinto para a Coroa

O governo de Portugal cobrava 20% de todo o ouro explorado; era o imposto do quinto. Para evitar fraudes e melhor fiscalizar a cobrança desse imposto, a Coroa, em 1719, ordenou que fossem instaladas as **Casas de Fundição**. Os mineradores deveriam levar o ouro para uma Casa de Fundição, onde ele seria fundido em barras e já retirada a parte da Coroa.

Era proibida a circulação de ouro em pó ou em pepitas. Quem não cumprisse esse regulamento poderia ser preso, perder todos os seus bens ou ser degredado.

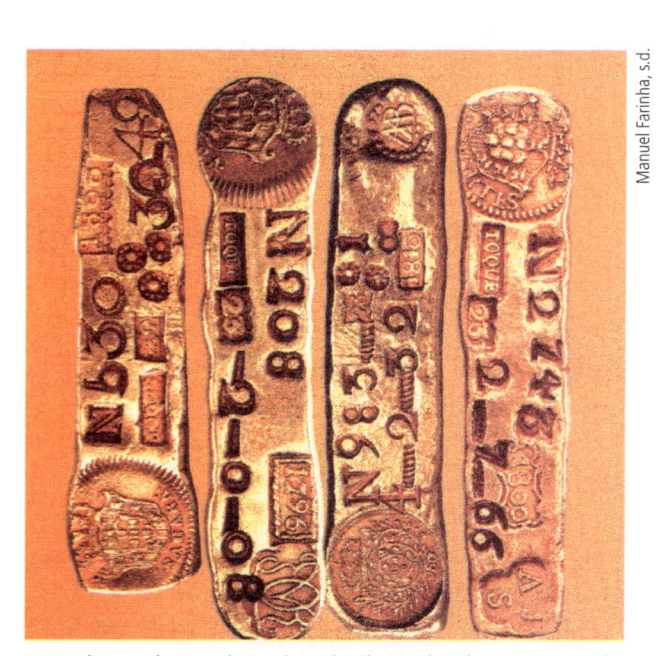

Barras de ouro da Casa de Fundição de Vila Rica (atual Ouro Preto, MG). Todo ouro encontrado nas minas deveria ser fundido nas Casas de Fundição, criadas a partir de 1719, onde já se retirava o quinto, imposto devido à Coroa portuguesa.

A descoberta dos diamantes

Em 1729, foram descobertos diamantes no Arraial do Tijuco (atual Diamantina, em Minas Gerais). A região foi demarcada e isolada, criando-se o Distrito Diamantino.

A exploração dos diamantes foi dada a homens de posse, que eram obrigados a pagar uma quantia anual fixa a Portugal. Mais tarde, a exploração dos diamantes ficou sob o controle direto da Metrópole.

Aumentam os impostos

Em meados do século XVIII, a mineração atingiu seu apogeu. O imposto do quinto foi fixado em cem arrobas de ouro por ano, o que equivalia a 1500 quilos.

Enquanto a mineração manteve uma alta produção, os impostos eram pagos regularmente. Entretanto, no final do século, a mineração começou a declinar, não pelo esgotamento das jazidas, mas pelas dificuldades técnicas que os mineiros tinham para explorar o ouro em maior profundidade.

Como a quantidade de ouro explorada era menor, os mineradores não conseguiam pagar as cotas estabelecidas. O governo português criou, então, a **derrama**, a cobrança dos impostos atrasados. Essa medida portuguesa provocou um profundo descontentamento, gerando várias revoltas, dentre as quais se destaca a Inconfidência Mineira.

Para onde foi o ouro?

Os exagerados impostos e os altos índices de importação fizeram com que a maior parte do ouro explorado escoasse para fora do Brasil. Mas não foi tudo para Portugal.

Em 1703, o governo português fez um tratado com a Inglaterra, o Tratado de Methuen, pelo qual se comprometia em comprar tecidos ingleses e a Inglaterra compraria os vinhos portugueses.

Entretanto, os portugueses exportavam pouco vinho e compravam grande quantidade de manufaturas inglesas. O pagamento da diferença era feito com o ouro do Brasil. Com isso, a Inglaterra foi acumulando grandes reservas de metais preciosos, que muito contribuíram para transformá-la numa grande potência financeira.

O crescimento da economia

O crescimento da população na área mineradora provocou aumento do consumo. Para abastecer a toda a região mineira, era necessário grande quantidade de produtos. Assim nas proximidades das minas surgiram pequenas lavouras de milho, mandioca, feijão e também criações de porcos e galinhas.

Contudo, a produção não era suficiente e, por isso, os mineradores passaram a comprar gêneros em outras regiões, o que incentivou a atividade comercial. Os mineradores compravam animais da pecuária nordestina. Os vaqueiros traziam o gado abrindo caminhos pelo interior. Mas como houve um aumento do preço desses rebanhos, os mineiros procuraram se abastecer em outras regiões do Brasil.

Já existia uma atividade pecuarista no Sul, onde as condições naturais eram favoráveis. Os mineiros começaram a comprar rebanhos daquela região, que eram trazidos pelos tropeiros e comercializados em feiras, com destaque para a de Sorocaba, em São Paulo. O comércio que foi estabelecido com a zona da mineração permitiu a integração do Sul no contexto econômico do Brasil.

Áreas de mineração no século XVIII

O mapa mostra as regiões onde se desenvolveu a mineração, no século XVIII. Corresponde, atualmente, aos estados de Minas Gerais, Goiás e Mato Grosso. Veja também a localização de algumas cidades que surgiram nessa época e das regiões que abasteciam a mineração com produtos para o consumo local e animais.

A sociedade mineira

Conforme crescia o povoamento na região das minas, estruturava-se uma sociedade patriarcal e urbana. A camada alta era formada pelos donos das lavras, que possuíam grande número de escravos. A camada inferior era formada pelos escravos de origem africana. Entre essas duas camadas sociais, surgiu uma intermediária, formada por comerciantes, ourives, entalhadores, artistas.

O desenvolvimento artístico

A mineração provocou um enriquecimento que favoreceu o desenvolvimento das artes em Minas Gerais. Foram construídas várias igrejas, decoradas com pinturas e esculturas. Predominou, nesse período o estilo barroco, que se caracteriza pela riqueza de detalhes, com destaque para as obras de Antônio Francisco Lisboa, apelidado Aleijadinho.

Na música, desenvolveu-se o estilo sacro.

Na literatura, destacaram-se frei de Santa Rita Durão, com *Caramuru*; Basílio da Gama, com *O Uraguai*; Tomás Antônio Gonzaga, com a obra *Marília de Dirceu*; e Silva Alvarenga, com *Desertor das Letras*.

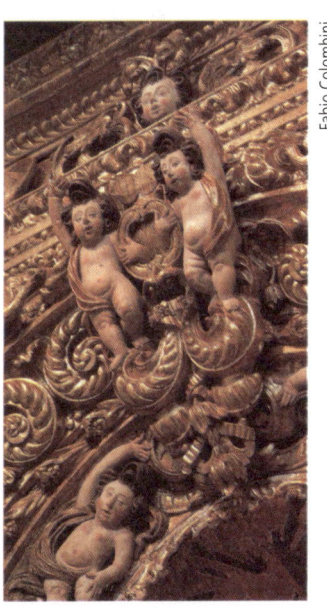

Altar barroco da igreja de Santo Antônio, em Tiradentes, MG, apresenta detalhes como alguns anjos. Foto de 2009.

ATIVIDADES

1) Explique as duas formas de exploração do ouro que se organizaram na região das minas.

_____
_____
_____
_____
_____

2) Comente a frase seguinte, dizendo se ela está correta ou incorreta: "O país que mais lucrou com a mineração no Brasil foi Portugal, porque todo o ouro explorado era enviado para a Metrópole".

_____
_____
_____
_____

3) Escreva as principais características da sociedade mineira.

_____
_____
_____
_____

4) Qual a característica comum entre a sociedade mineira e a sociedade canavieira;

_____
_____

5) Que estilo predominou no período de desenvolvimento de mineração no Brasil? Cite uma característica:

_____
_____
_____

6) Observe a foto:

Vista de Ouro Preto, MG, em 2012.

Troque ideias com o seu grupo sobre o que essa imagem nos revela do passado.

Refletindo

7) Agora você vai escrever uma pequena história. Imagine um garoto ou garota de sua idade que vive em Vila Rica (atual Ouro Preto) na época de decadência da mineração. Escolha se esse personagem será filho de proprietários ou comerciantes ou filho de escravos. Crie um pequeno enredo que mostre a situação das pessoas, as atividades, os sonhos dos jovens. Faça uma pesquisa preliminar se achar necessário. Exponha seu texto no mural da classe.

Pesquisando

8) Pesquise a vida e a obra do Aleijadinho e escreva um pequeno texto. Depois, faça um cartaz com recortes de jornais e revistas ou desenhos de algumas de suas obras e exponha-o no mural da classe, comparando com os de seus colegas.

9) Pesquise sobre o chamado Caminho do Ouro e os tropeiros no passado e no presente. Você vai se encantar!

Trabalhando em grupo

10) Na sociedade mineira havia mobilidade social, isto é, a possibilidade de uma pessoa passar de uma camada social para outra. Mas não era fácil ascender na escala social, principalmente para os escravos. Troque ideias com o seu grupo: Na sociedade brasileira atual existe mobilidade social? Quais os fatores que levam uma pessoa a subir ou descer na escala social? A ascensão social é fácil para todos?

Capítulo 13

AS PRIMEIRAS REBELIÕES DA COLÔNIA

Portugal e Brasil: interesses opostos

O governo português considerava a Colônia um prolongamento da Metrópole e, por isso, achava que os interesses tinham de ser os mesmos. A Colônia deveria completar a economia da Metrópole e nunca concorrer com ela. Desse modo, os colonos do Brasil não deveriam pensar em contrariar as ordens do rei de Portugal e de seus representantes aqui estabelecidos.

Mas, a partir da segunda metade do século XVII, essa situação começou a mudar. Eclodiram vários movimentos em diferentes pontos do Brasil.

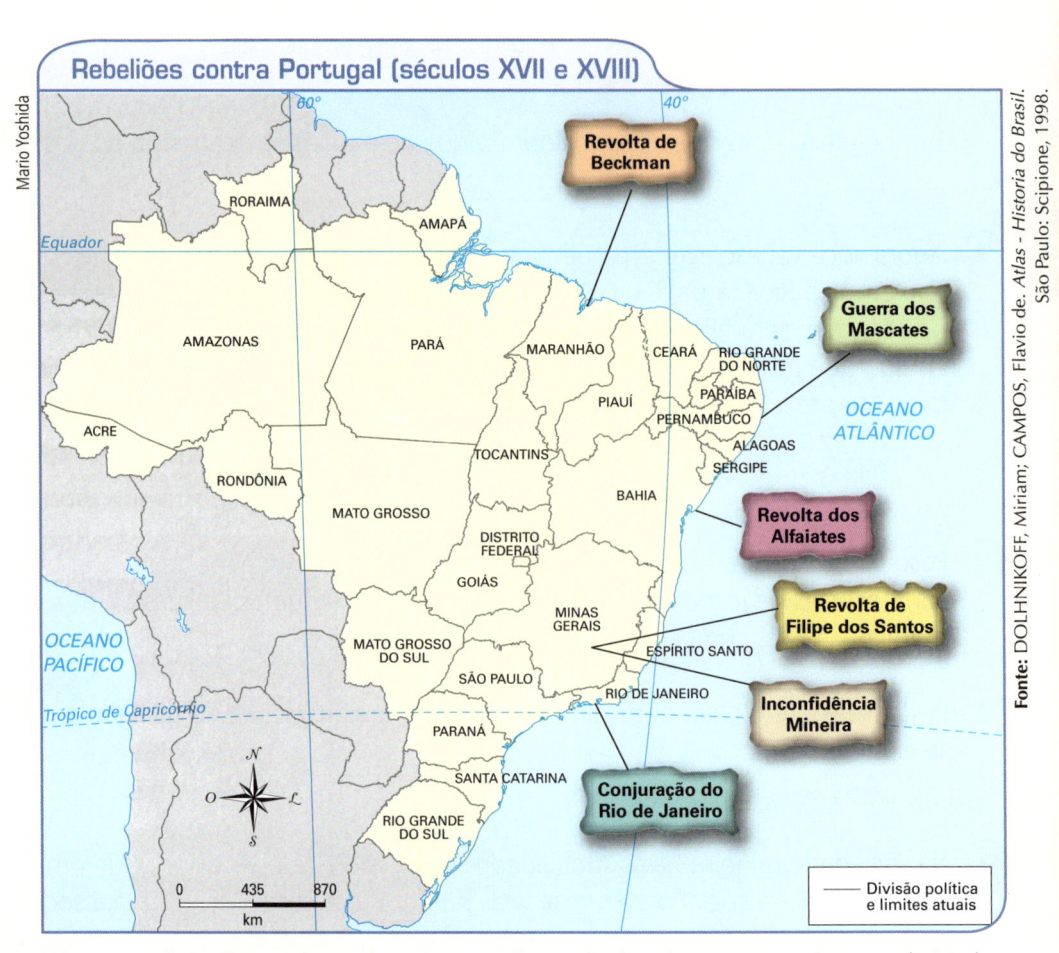

Rebeliões contra Portugal (séculos XVII e XVIII)

- Revolta de Beckman
- Guerra dos Mascates
- Revolta dos Alfaiates
- Revolta de Filipe dos Santos
- Inconfidência Mineira
- Conjuração do Rio de Janeiro

Fonte: DOLHNIKOFF, Miriam; CAMPOS, Flavio de. *Atlas - História do Brasil*. São Paulo: Scipione, 1998.

Veja no mapa do Brasil os estados atuais que correspondem aos locais onde ocorreram movimentos coloniais de rebelião contra o governo português.

As raízes das oposições entre brasileiros e portugueses encontram-se na nova política adotada por Portugal após o movimento da Restauração, isto é a separação entre Portugal e Espanha.

Você lembra que os portugueses estiveram sob o domínio espanhol entre 1580 e 1640?

Durante esses 60 anos, Portugal perdeu muitas colônias, e o Nordeste brasileiro foi invadido pelos holandeses, que passaram a controlar a economia açucareira.

Com a Restauração, o novo rei português, D. João IV, tinha em suas mãos um país que enfrentava grandes problemas internos e externos. Mesmo com o declínio da economia açucareira, depois da expulsão dos holandeses, o Brasil era a mais importante colônia de Portugal.

Por isso, o rei D. João IV resolveu aumentar o seu controle sobre a Colônia. Criou o Conselho Ultramarino para fiscalizar com mais eficiência o cumprimento do Pacto Colonial, reduziu a força das Câmaras Municipais, proibiu que navios estrangeiros aportassem no Brasil e criou companhias privilegiadas para controlar o comércio brasileiro. As novas medidas adotadas por Portugal aumentaram a exploração colonial, provocando reações no Brasil.

D. João IV assumiu o trono português em 1640, após 60 anos de domínio espanhol. Retrato pintado por Avelar Rebelo, em 1643.

ATIVIDADES

1) Quem morava na Colônia não deveria contrariar as ordens da Metrópole. Por que isso acontecia?

2) Explique a seguinte afirmação: "A Colônia era considerada um prolongamento da Metrópole".

3) De que forma Portugal aumentou seu controle sobre o Brasil?

4) Brasil e Portugal tinham os mesmos interesses? Justifique a sua resposta.

125

O Maranhão em revolta

As primeiras rebeliões que eclodiram na Colônia não tinham a intenção de separar o Brasil ide Portugal. Os colonos não se consideravam brasileiros e sim portugueses que moravam em uma das muitas colônias que Portugal ainda possuía. Na verdade, eles queriam apenas pressionar a Metrópole para obter vantagens.

A revolta ocorrida no Maranhão em 1684, também conhecida como Revolta dos Irmãos Beckman, foi resultante da proibição do trabalho escravo indígena.

Os colonos maranhenses plantavam cana-de-açúcar, fumo, algodão e alguns outros produtos para o consumo local. Como não tinham condições de comprar escravos de origem africana, pois eram muito caros, abasteciam-se de mão de obra indígena, por meio da captura e escravização. Isso provocava frequentes choques entre os colonos e os padres jesuítas, que queriam os indígenas em suas missões.

Em 1680, os jesuítas obtiveram uma grande vitória: o governo português reforçou a proibição à escravização de indígenas, determinando severas punições a quem desobedecesse à ordem.

Para resolver o problema da falta de mão de obra, Portugal, em 1682, criou a Companhia de Comércio do Maranhão, que era obrigada a introduzir no estado 10 mil escravos africanos, 500 por ano. Além disso, deveria fornecer os produtos de que os colonos necessitassem e comprar os produtos ali produzidos.

> [...] São Luís era uma típica cidade colonial portuguesa. Meia dúzia de ruas sem nome cruzavam-se, tortuosas; as casas, em sua maioria, eram construídas em taipa, com a cobertura de folhas de palmeira e o piso de chão batido. Nessa acanhada paisagem, destacavam-se o modesto palácio do governo, com um forte ao lado, o quartel da guarda, a casa da Câmara, dois armazéns, algumas igrejas e outros tantos conventos. Essa pequena cidade era, porém, um barril de pólvora, prestes a explodir no momento em que entrassem em choque os interesses dos senhores de engenho, dos jesuítas e da Companhia do Maranhão.
>
> Saga. São Paulo: Abril Cultural, 1981. v. 2. p. 142.

Entretanto, a Companhia de Comércio não respeitou o contrato. Não trouxe o número de escravos que havia prometido, vendia os produtos importados a preços excessivamente altos e comprava os produtos maranhenses a preços baixos.

Essa situação gerou uma rebelião na cidade de São Luís, em fevereiro de 1684, liderada pelo fazendeiro Manuel Beckman e seu irmão advogado, Tomás, com a participação de proprietários de terras e comerciantes. O governador do Maranhão foi deposto e Manuel Beckman assumiu seu lugar. O novo governo expulsou os jesuítas e extinguiu a Companhia de Comércio.

A repressão da Metrópole não se fez esperar. O governo português mandou um novo governador, Gomes Freire de Andrade, que restaurou as autoridades depostas e restabeleceu o funcionamento da Companhia de Comércio. Os líderes foram presos e Manuel Beckman foi condenado à morte na forca.

Restabelecida a paz, os jesuítas voltaram para o Maranhão, a Companhia de Comércio foi extinta e manteve-se a permissão de escravizar os indígenas em **guerra justa**.

Guerra dos Emboabas

Os paulistas foram os descobridores das primeiras minas de ouro e, por isso, julgavam ter direito exclusivo sobre elas. Entretanto, viram chegar pessoas de várias partes do Brasil, principalmente do Nordeste, além de portugueses, atraídos pelo ouro. Essas pessoas que vinham de fora eram chamadas pelos paulistas de **emboabas**, com o sentido de forasteiros, invasores.

> Em todas as áreas de mineração o número de forasteiros **suplantava** o de paulistas. Estes, inconformados, passaram a chamar os "estrangeiros" de emboabas, termo de origem tupi-guarani. Segundo fontes do século XVIII, emboaba seria um pássaro de pernas **emplumadas**. Daí ser o termo aplicado como zombaria para identificar os recém-chegados da Europa e do litoral, que usavam coberturas protetoras para as pernas e os pés. Os paulistas, ao contrário, andavam descalços e de pernas nuas pelo matagal.
>
> AFONSO, Eduardo José. A Guerra dos Emboabas. São Paulo: Ática, 1998. p. 14.

A partir de 1707 ocorreram vários conflitos entre paulistas e emboabas. Os paulistas também não se conformavam com o fato de forasteiros terem enriquecido com o comércio na região das minas.

Além disso, os emboabas não reconheciam a autoridade do superintendente, o paulista Manuel Borba Gato, e elegeram para governar a região o comerciante e minerador português Manuel Nunes Viana.

Ocorreram vários combates e, na maioria, os paulistas foram derrotados. Num deles, quando os paulistas acamparam perto de um rio, foram cercados e atacados. Como o chefe emboaba prometeu-lhes liberdade se depusessem as armas, eles se renderam. Mas, em vez de serem libertos, foram assassinados. Esse episódio é conhecido como **Capão da Traição** e o rio às margens do qual acamparam recebeu o nome de Rio das Mortes.

Com a intervenção do governo, o movimento chegou ao fim e os paulistas, derrotados, abandonaram a região. Foi criada a capitania de São Paulo e Minas de Ouro e, em 1711, a Vila de São Paulo foi elevada à categoria de cidade.

Guerra dos Mascates

Com a expulsão dos holandeses do Nordeste, houve a queda da economia açucareira. A aristocracia rural de Olinda passou a enfrentar grandes dificuldades econômicas. Bem próximo a Olinda, o povoado de Recife transformava-se num próspero centro comercial. Os comerciantes de Recife, na maioria portugueses, eram chamados pelos olindenses, pejorativamente, de **mascates**.

Recife estava subordinado à Câmara Municipal de Olinda. Inconformados com essa situação, os recifenses passaram a exigir autonomia política. O governo português atendeu e, em 1709, Recife passou a ser uma vila independente.

Revoltados, os olindenses invadiram Recife, destituíram as autoridades locais e destruíram o pelourinho (símbolo da autonomia da vila). Bernardo Pereira de Vasconcelos propôs até a proclamação da independência de Pernambuco e a instalação de uma república. Contudo, ele não conseguiu apoio.

Em 1711, Portugal resolveu intervir no movimento, enviando um novo governador. Recife foi mantido como vila e elevado à condição de capital de Pernambuco.

Revolta de Vila Rica

A Revolta de Vila Rica, também conhecida como Revolta de Felipe dos Santos, ocorreu em 1720 e foi uma reação à política de Portugal na região das minas. Além de cobrar pesados impostos, a Metrópole ordenou, em 1720, a criação da Casa de Fundição. Com essa medida, queria evitar o contrabando de ouro em pó.

Descontentes, os mineiros, liderados por Felipe dos Santos, rico fazendeiro e tropeiro, fizeram várias exigências. O governador, conde de Assumar, prometeu atendê-las. Porém, foi um simples pretexto do governador para ganhar tempo e organizar-se. Em seguida, tomou medidas violentas: mandou prender os implicados no movimento e ordenou que suas casas fossem queimadas. Os rebeldes foram deportados e apenas Felipe dos Santos foi condenado à morte na forca.

Julgamento de Felipe dos Santos, pintado por Antonio Parreiras em 1923.

As Casas de Fundição começaram a funcionar regularmente e a capitania de Minas Gerais foi separada da de São Paulo.

ATIVIDADES

1) Brincando de jornalista.

Faça de conta que você é um jornalista maranhense e vai relatar aos seus leitores, em um artigo, os fatores que provocaram a Revolta dos Irmãos Beckman. Escreva e ilustre o texto com desenhos, depois exponha-o no mural da classe, comparando-o com os de seus colegas para observar semelhanças e diferenças.

2) Por que os paulistas se revoltaram com a chegada de forasteiros na região mineira?

_____
_____
_____

3) Leia o texto do boxe da página 127 e explique o significado do termo "emboaba".

_____
_____
_____

4 Estabeleça uma comparação entre Olinda e Recife no início do século XVIII.

_____
_____
_____
_____
_____

5 As divergências entre Olinda e Recife provocaram a Guerra dos Mascates. Quais foram os resultados desse movimento?

_____
_____
_____

6 Escreva um pequeno texto mostrando as razões que provocaram a Revolta de Vila Rica, em 1720.

_____
_____
_____
_____

7 Faça com os colegas um quadro comparativo ente as rebeliões estudadas destacando: data, local, causas e resultados. Exponha esse material no mural da classe.

Pesquisando

8 Você viu que a palavra "emboaba" vem do tupi-guarani. Faça uma pesquisa sobre as línguas faladas na região de São Paulo, no século XVIII.

9 Pesquise palavras de origem indígena e seus significados. Que tal elaborar uma cruzadinha com elas? Troque as cruzadinhas com os colegas da turma e... bom trabalho!

Trabalhando em grupo

10 Conversem em grupo a respeito destas questões.

a) O povo tem direito de discordar das decisões do governo e se manifestar a respeito delas?

b) Quais as formas que o povo deve usar para mostrar ao governo o seu descontentamento?

c) Todas as formas de protesto são válidas, mesmo as que envolvem violência?

d) Como o governo deve se comportar frente ao descontentamento popular?

e) Aponte algum grupo organizado da sociedade que luta por seus direitos.

Façam um relatório das conclusões do grupo e apresente-o para a classe, observando as semelhanças e as diferenças com os trabalhos dos outros grupos.

Capítulo 14
As rebeliões separatistas

A luta pela independência

> Todos os homens nascem livres e iguais e têm direito à vida e à propriedade.
>
> O indivíduo tem direito à liberdade política, religiosa e de expressão.
>
> O Estado deve expressar a vontade geral, pois a soberania política é do povo.
>
> A prática de intervenção do Estado na economia para aumentar a riqueza da nação está ultrapassada.
>
> No comércio, o que importa é a igualdade jurídica dos participantes do ato comercial. Por isso, todos devem ser iguais perante a lei. Não existem privilégios de nascença, como os da nobreza.
>
> É preciso liberdade no mercado, para que a oferta e a procura não sejam tolhidas. Trabalhadores livres recebem salários, e podem comprar mercadorias.
>
> Só há liberdade de comércio entre proprietários de bens ou de dinheiro. Assim, o Estado precisa defender o direito à propriedade privada.

Essas eram algumas das ideias com que os jovens da elite brasileira do século XVIII entravam em contato quando iam estudar nas universidades dos grandes centros culturais da Europa, principalmente os da França e de Portugal.

Elas faziam parte da **filosofia iluminista** difundida por Voltaire, Montesquieu, Rousseau e pelos economistas Quesnay e Adam Smith. Essas ideias cada vez mais ganhavam adeptos entre os que se opunham às monarquias absolutistas e ao sistema colonial.

Os jovens tomaram conhecimento também de várias revoluções que ocorriam no Ocidente, dentre as quais o vitorioso movimento de Independência dos Estados Unidos, a primeira colônia americana a se libertar da metrópole europeia.

Os estudantes retornavam ao Brasil entusiasmados com os novos ideais de liberdade e igualdade e com a independência dos Estados Unidos. Muitas vezes, traziam livros e panfletos. Começaram a difundir ideias revolucionárias, que encontravam na Colônia um campo fértil para a sua propagação. Os brasileiros estavam profundamente descontentes com a política de opressão da Metrópole e com os abusos do regime monopolista.

Catedral Basílica de Salvador, BA, em 2007. Esta praça foi palco de acontecimentos na Conjuração Baiana.

No seeculo XVIII, sucederam-se conspirações contra o sistema colonial em algumas cidades do Brasil. Pessoas de diferentes camadas sociais – intelectuais, militares, comerciantes ricos, padres, trabalhadores livres e escravos – passaram a sonhar com o fim do domínio português.

As mais importantes rebeliões dessa época foram a Inconfidência Mineira (em Vila Rica, atual Ouro Preto) e a Conjuração Baiana (em Salvador, que foi capital do Brasil até 1763).

Os rebeldes pagaram um preço muito alto por defender a liberdade, a igualdade e a fraternidade. A maioria acabou seus dias na prisão; alguns foram degredados e outros, mortos. Entretanto, seus ideais frutificaram.

ATIVIDADES

1) Das novas ideias trazidas da Europa pelos jovens estudantes do século XVIII, escolha uma e mostre como ela era contrária à situação vivida pelos colonos no Brasil.

2) Qual foi a repercussão das ideias iluministas no mundo ocidental, nessa época?

3) Qual foi a primeira colônia americana a se libertar do domínio europeu?

4) No século XVIII, o que mais descontentava os colonos no Brasil?

5) Converse com seus colegas e responda: os iluministas defendiam ideais de liberdade, igualdade e fraternidade. Essas ideias são plenamente respeitadas atualmente? Justifique a sua resposta.

131

A Metrópole pressiona

No decorrer do século XVIII, Portugal conheceu uma situação econômica muito difícil. Mantinha alto índice de importação, comprando produtos principalmente da Inglaterra, que já se afirmava como potência industrial. Para pagar suas dívidas com os ingleses e com outros países europeus, Portugal contava basicamente com o ouro explorado no Brasil. Conseguia esse ouro por meio da cobrança de altas taxas e impostos.

Durante a administração do primeiro-ministro de Portugal, Sebastião José de Carvalho e Melo, marquês de Pombal (1750-1777), foram tomadas várias medidas em relação ao Brasil que aumentaram ainda mais a pressão portuguesa:

- houve maior fiscalização dos órgãos administrativos;
- foi extinto definitivamente o sistema de capitanias hereditárias;
- os jesuítas foram expulsos do Brasil e de Portugal;
- a colônia foi elevada à categoria de vice-reino;
- a capital do Brasil, em 1763, foi transferida de Salvador para o Rio de Janeiro, com o objetivo de controlar melhor a saída de ouro e diamantes.

Trecho do Alvará de 1785, de D. Maria I

Eu, a rainha de Portugal, hei por bem ordenar que todas as fábricas, manufaturas ou teares de galões de tecidos ou de bordados de ouro e prata; de veludos, brilhantes, cetins, tafetás ou de qualquer qualidade de seda ou de qualquer qualidade de fazenda de algodão ou de linho, excetuando somente aqueles dos teares e manufaturas em que se tecem ou manufaturam fazendas grossas de algodão que servem para o uso e vestiário dos negros, todas as mais sejam extintas e abolidas em qualquer parte se nos meus domínios do Brasil.

Citação adaptada de ANASTÁCIA, Carla. *Inconfidência mineira*. São Paulo: Ática, 1991. p. 49.

Com a morte do rei D. José I, o poder passou para D. Maria I, e o marquês de Pombal foi destituído do cargo. A política adotada pela rainha foi ainda mais repressiva. Ela expediu, em 1785, um **alvará** proibindo a instalação de indústrias manufatureiras no Brasil, permitindo apenas a fabricação de tecidos grosseiros para vestir os escravos. Proibiu também a divulgação das ideias iluministas.

A política de Portugal em relação ao Brasil tornava-se cada vez mais opressiva. O descontentamento dos colonos levou ao planejamento de algumas revoltas, que propunham a emancipação política do Brasil.

Apesar de todas terem fracassado, mostraram o desejo que alguns setores da sociedade tinham de libertar o Brasil de Portugal.

Crise em Minas Gerais

Na segunda metade do século XVIII, a mineração começou a entrar em decadência. Acompanhe, no quadro a seguir, a diminuição da quantidade de ouro explorada no Brasil.

Com o declínio da mineração, os mineradores não conseguiam mais pagar o imposto de cem arrobas de ouro por ano. Se essa quantia não fosse atingida, havia a possibilidade de ser decretada a **derrama**, que era a cobrança, à força, dos impostos atrasados.

A partir de 1760, as dívidas dos mineradores com o **fisco** começaram a se acumular. Em 1785, já deviam a quantia de 384 arrobas de ouro e, em 1789, essa quantia chegaria a 596 arrobas.

Em 1788, a agitação tomou conta de Minas Gerais. Chegou um novo governador, o visconde de Barbacena, com a instrução de decretar a derrama se os mineradores não saldassem suas dívidas.

Essa ameaça, aliada ao descontentamento com relação à situação de Minas Gerais, levou muitas pessoas a pensarem que não bastava lutar apenas contra algumas medidas tomadas pela Metrópole. Era preciso muito mais do que isso. A solução definitiva seria separar o Brasil de Portugal.

CÁLCULO DA PRODUÇÃO DE OURO EM MINAS GERAIS	
Quinquênios	Quilogramas
1750-1754	8780
1755-1759	8016
1760-1764	7399
1765-1769	6659
1770-1774	6179
1775-1779	5518
1780-1784	4884
1785-1789	3511
1790-1794	3360
1795-1799	3249

Fonte: PINTO, Virgílio Noya. O ouro brasileiro e o comércio português. Citada por ANASTÁCIA, Carla. Inconfidência mineira. São Paulo: Ática, 1991. p. 45.

Pessoas de destaque na sociedade brasileira começaram a se reunir para discutir a ideia da independência. Eram também influenciadas pelos ideais liberais trazidos pelos jovens que haviam cursado as universidades europeias e pelo sucesso da Independência dos Estados Unidos. Assim nascia a Inconfidência Mineira.

A Inconfidência Mineira

A maioria dos inconfidentes era formada por homens ricos que deviam grandes somas aos cofres portugueses. Entre eles, estavam: José Álvares Maciel, engenheiro químico formado em Coimbra; Alvarenga Peixoto, fazendeiro e minerador; Tomás Antônio Gonzaga, português, advogado, que ocupava o cargo de ouvidor-geral de Vila Rica; Cláudio Manuel da Costa, escritor, poeta e advogado, dono de fazendas e lavras; o tenente-coronel Francisco de Paula Freire; o padre Toledo, dono de fazendas e lavras; o padre Rolim, dono de jazidas de exploração de diamantes.

Fazia parte do grupo dos inconfidentes o **alferes** Joaquim José da Silva Xavier, que também trabalhava como dentista, daí ter recebido o apelido de Tiradentes.

Alferes Joaquim José da Silva Xavier (Tiradentes). Tela de José Wasth Rodrigues, 1940.

O plano

Os inconfidentes planejaram a revolução. Sabiam que, para o sucesso do movimento, era importante a participação popular. Então, decidiram que ele seria iniciado no dia em que fosse decretada a derrama, prevista para fevereiro de 1789. O descontentamento faria com que muitas pessoas participassem, e a senha para desencadear a inconfidência seria: "Dia (a data) é o batizado".

O governador Barbacena seria preso, o governo passaria a ser exercido por uma junta e, em seguida, seria declarada a independência. Os inconfidentes esperavam que outras regiões, particularmente o Rio de Janeiro, aderissem ao movimento.

Pelo plano dos inconfidentes haveria no novo país:

- regime de república federativa, com capital em São João del Rei;
- instituição do serviço militar obrigatório;
- pensão para as famílias numerosas e pobres;
- criação de uma universidade em Vila Rica;
- incentivo e abertura de indústrias manufatureiras;
- bandeira com a inscrição "*Libertas quae sera tamen*", frase do poeta romano Virgílio que significa "Liberdade ainda que tardia".

Entre os inconfidentes, houve a sugestão de abolição da escravatura, ideia que não foi aceita pela maioria. O plano, portanto, não previa determinadas mudanças que eram essenciais para transformar profundamente a sociedade.

A traição

Quando Tiradentes dirigiu-se para o Rio de Janeiro, a fim de conseguir adesões e armas, o movimento foi denunciado ao visconde de Barbacena por Silvério dos Reis, Brito Malheiros e Correia Pamplona, em troca do perdão das dívidas. Silvério dos Reis era um inconfidente, portanto conhecedor de todo o plano. O governador suspendeu a derrama, ordenou a **devassa** e prendeu os participantes. Tiradentes foi preso no Rio de Janeiro, para onde foram levados os outros inconfidentes, a fim de serem julgados, menos Cláudio Manuel da Costa, que foi encontrado morto em sua cela em Vila Rica. A versão das autoridades foi a de suicídio.

Palácio Tiradentes, Rio de Janeiro, RJ. Neste local, Tiradentes foi enforcado em 1792.

A sentença pronunciada em 1792 condenava todos à morte. Entretanto, a rainha de Portugal, D. Maria I, **comutou** a pena de todos para degredo perpétuo na África, menos a de Tiradentes. No dia 21 de abril desse mesmo ano, ele foi executado no Rio de Janeiro, seu corpo foi esquartejado e sua cabeça foi exposta em um poste, em Vila Rica.

A Conjuração Baiana

Por livros, jornais e panfletos que chegavam da Europa, os habitantes de Salvador tomavam conhecimento das ideias iluministas. Essas ideias haviam influenciado a Revolução Francesa de 1789, que combateu o absolutismo dos reis e instalou no país o regime republicano. Pessoas de diferentes níveis sociais começaram a discutir os ideais de liberdade, igualdade e fraternidade.

Nessa época, Salvador vivia um momento difícil. Em 1763, havia perdido a condição de capital do Brasil para o Rio de Janeiro, o que motivou uma retração de sua economia.

A maioria da população era formada por africanos, afrodescendentes e mestiços que se dedicavam ao pequeno comércio ou trabalhavam como alfaiates, marceneiros, pedreiros, quitandeiros, ourives, bordadores ou vendedores ambulantes. Essa camada social era explorada pela elite e sofria preconceito racial e social. A elite, composta por senhores de engenho, ricos comerciantes, militares e alguns padres, estava revoltada com os pesados impostos cobrados pela Metrópole.

Em 1797, a alta dos preços de alguns produtos básicos gerou uma série de incidentes. Populares invadiram armazéns para roubar carne e farinha. Nesse mesmo ano, foi fundada em Salvador uma sociedade secreta, os **Cavaleiros da Luz,** que começou a planejar um movimento separatista. Entre os participantes, destacava-se o médico Cipriano Barata.

Da camada popular saíram os mais significativos líderes da Conjuração Baiana: os alfaiates João de Deus e Manuel Faustino dos Santos, e os soldados Lucas Dantas e Luís Gonzaga das Virgens. Em razão da profissão de alguns líderes do movimento, a Conjuração Baiana também é conhecida como **Revolta dos Alfaiates**.

A conjuração defendia a proclamação da república, o fim dos privilégios, a igualdade de pessoas de diferentes origens e a abolição da escravatura.

As autoridades ordenaram que fossem feitas investigações sobre a autoria dos boletins, que recaiu sobre Luís Gonzaga das Virgens. Ele foi preso e, quando alguns de seus companheiros se preparavam para libertá-lo, a conspiração foi delatada. O governador ordenou a devassa e a prisão dos implicados, inclusive alguns membros da sociedade secreta.

Praça da Piedade, Salvador, Bahia, no século XIX. Aqui os conjurados foram enforcados, no século XVIII.

Todos os conspiradores que pertenciam à elite negaram a participação e foram absolvidos. Ao contrário, os quatro líderes mestiços e pobres foram enforcados e esquartejados.

> Terminava assim a Conjuração Baiana de 1798. Mas sua rica herança política e simbólica não se perderia no fracasso. O sentido político do movimento era claro: a luta pela liberdade, contra a dominação colonial. E seu sentido simbólico era forte: a luta pela igualdade social e racial, contra o preconceito de uma sociedade de brancos superiores e mulatos inferiores.
>
> TAVARES, Luís Henrique Dias. Bahia – 1798. São Paulo: Ática, 1995. p. 30.

ATIVIDADES

1) As frases a seguir sobre a Inconfidência Mineira estão **incorretas**. Explique por quê.

a) A Inconfidência Mineira ocorreu quando a mineração estava em pleno apogeu.

_____
_____
_____

b) Todos os inconfidentes defendiam a abolição da escravidão.

_____
_____

c) Todos os inconfidentes mineiros foram condenados à morte e executados.

_____
_____

2) Explique a seguinte afirmação: "O plano da Inconfidência Mineira não previa grandes mudanças na sociedade".

_____
_____
_____

3) Responda às perguntas.

a) Qual era a situação de Salvador na época da Conjuração Baiana?

_____
_____
_____

b) Qual o movimento europeu que influenciou a Conjuração Baiana?

_____

c) Quais as ideias que a Conjuração Baiana defendia?

_____
_____

Refletindo

4 Leia com atenção os versos de Cecília Meireles, da obra *Romanceiro da Inconfidência*.

Liberdade ainda que tarde,
Ouve-se ao redor da mesa.
E a bandeira já está viva,
e sobe, na noite imensa.

E os seus tristes inventores
já são réus – pois se atreveram
a falar em Liberdade
(que ninguém sabe o que seja).

MEIRELES, Cecília. *Romanceiro da Inconfidência*. Rio de Janeiro: Nova Fronteira, 2005.

a) A que a poeta se refere no primeiro verso, "Liberdade ainda que tarde"?

_____
_____

b) O que você entendeu destes versos: "E a bandeira já está viva / e sobe, na noite imensa"?

_____
_____
_____

c) No período estudado, para os que participaram da Inconfidência Mineira, qual era o significado de liberdade?

_____
_____

d) Troque ideias com seus colegas sobre o que é a liberdade para você e para eles. Faça um desenho representando o que é a liberdade para você e exponha-o no mural da classe. Compare-o com os de seus colegas e identifique as diferenças e as semelhanças.

5 Estabeleça uma comparação entre a Inconfidência Mineira e a Conjuração Baiana e mostre em quais pontos elas se assemelham e em quais se diferenciam.

_____
_____
_____
_____

Trabalhando em grupo

6 Monte um painel, com fotos recortadas de jornais ou revistas, da cidade de Ouro Preto, local em que ocorreu a Inconfidência Mineira, e dos lugares históricos de Salvador, cidade da Conjuração de 1798. Escreva frases comparando os dois movimentos. Exponham-no na classe.

Capítulo 15
BRASIL: SEDE DA MONARQUIA PORTUGUESA

A família real veio para o Brasil

Em 1807, o príncipe regente D. João, a família real e a **corte** abandonaram Portugal e vieram para o Brasil, transformando-o, em 1808, em sede da monarquia portuguesa. A comitiva somava aproximadamente 15 mil pessoas.

Vamos conhecer as razões desse acontecimento?

Chegada de D. João VI à Bahia, de Cândido Portinari, 1952.

Em 1799, Napoleão Bonaparte deu um golpe militar, assumiu o governo francês e, em 1804, proclamou-se imperador. Pretendia transformar a França em uma nação poderosa e, para isso, precisava derrotar a Inglaterra. Esse país, graças ao desenvolvimento de sua indústria, era a grande potência mundial.

Como Napoleão não conseguiu vencer militarmente a Inglaterra, procurou derrotá-la de outra forma. Com o objetivo de arruiná-la economicamente, em 1806, decretou o **Bloqueio Continental**, proibindo outras nações europeias de comercializar com os ingleses.

O príncipe regente, D. João, que governava Portugal – sua mãe, a rainha D. Maria I, havia enlouquecido –, ficou numa situação bastante difícil, pois não poderia aderir ao Bloqueio, já que seu país era aliado dos ingleses e mantinha relações comerciais quase exclusivas com eles.

Assim, pressionado pelos dois países, D. João não tomou nenhuma decisão. Napoleão, então, ordenou a invasão de Portugal.

Numa manhã de novembro de 1807, quando as tropas francesas comandadas pelo general Junot já se aproximavam de Lisboa, o povo português, surpreso, assistiu ao apressado embarque da família real, de grande parte da nobreza e de funcionários da corte, que levavam consigo móveis, pratarias, joias e muito dinheiro.

Apesar de abandonada pelo governo, a população portuguesa, contando com a ajuda da Inglaterra, conseguiu, alguns anos depois, expulsar o Exército napoleônico de seu país.

Os navios portugueses foram escoltados pela Marinha inglesa até o Brasil. Porém, uma tempestade durante a viagem dividiu a esquadra. Uma parte dela aportou no Rio de Janeiro, e outra, na qual se achava D. João, ancorou no litoral da Bahia. O príncipe regente foi recebido em Salvador com grandes festas. Mais tarde, seguiu para o Rio de Janeiro.

Napoleão Bonaparte guiando suas tropas pela passagem de São Bernardo, nos Alpes, de Jacques-Louis David, 1900.

Retrato de D. João VI em 1816, aos 53 anos, de Jean-Baptiste Debret.

A cidade do Rio de Janeiro se enfeitou para receber D. João e sua comitiva. As portas das casas foram cobertas com tecidos adamascados e, das janelas, pendiam ricos tapetes ou colchas de cetim.

Você pode imaginar a confusão que houve no Rio do Janeiro com a chegada de 15 mil pessoas? Onde iria morar tanta gente?

O problema foi resolvido de uma forma muito simples, para os portugueses, é claro. Funcionários do governo escreviam nas portas das casas que escolhecem para morar as iniciais P. R., que significavam Príncipe Regente. O morador deveria simplesmente se mudar.

Chegada da família real de Portugal, Rio de Janeiro, 7 de março de 1808. Obra de Geoff Hunt, 1999.

O povo carioca, com humor, mudou o significado das iniciais para "Ponha-se na rua".

D. João e sua família foram morar no bairro de São Cristóvão, o mais elegante da época: um rico comerciante português cedeu sua casa de campo. Hoje, o local é conhecido como Quinta da Boa Vista, e no edifício funciona o Museu Histórico Nacional.

Nessa época, a cidade do Rio de Janeiro, com pouco mais de 50 mil habitantes, era bastante provinciana. As estreitas ruas do centro eram escuras e sujas, não havia recolhimento de lixo nem sistema de esgoto e a maioria da população, formada por pequenos comerciantes, artesãos, modestos funcionários, marinheiros etc., morava, em geral, em casas de um só pavimento. O comércio era movimentado. Nas lojas, eram encontrados artigos europeus, chapéus, tecidos, alimentos, fumo. Nas ruas, ambulantes vendiam canjica, pamonha, refrescos.

As pessoas mais ricas tinham suas residências na periferia da cidade, verdadeiras mansões que chegavam a ter até quatro pavimentos, com balcões e fachadas azulejadas.

Os caminhos para chegar a essas casas, no entanto, eram muito precários, e o meio de transporte mais comum eram as carruagens puxadas por cavalos ou burros.

Mas a cidade iria sofrer uma grande transformação. Afinal, com a chegada da família real, o Rio de Janeiro passava a ser a capital do reino português.

Liteira para viajar no interior, aquarela de Jean-Baptiste Debret, 1835.

140

ATIVIDADES

1 Por que o Brasil passou, na prática, a ser a sede da monarquia portuguesa em 1808?

2 O que foi o Bloqueio Continental?

3 Por que Portugal não aderiu ao Bloqueio Continental?

4 Os monarcas e a corte portuguesa, chegando ao Rio de Janeiro, requisitaram as melhores casas para servir-lhes de moradia. O que você acha dessa atitude?

5 Na época da vinda da família real para o Brasil, na cidade do Rio de Janeiro, a população pobre morava no centro da cidade, e os ricos, na periferia.

a) Atualmente, no Rio de Janeiro e em outras grandes cidades brasileiras, onde moram os mais ricos? E os pobres?

b) Relacione as moradias com as condições de vida das pessoas na atualidade.

141

A abertura dos portos

Seis dias após desembarcar em Salvador, no dia 28 de janeiro de 1808, D. João decretou a abertura dos portos brasileiros às nações amigas de Portugal. Esse decreto também permitia a exportação da maioria dos produtos brasileiros.

Chegada de D. João à Igreja do Rosário, de Armando de Martins Viana, século XIX.

A carta da abertura:

[...] Que sejam admissíveis nas Alfândegas do Brasil todos e quaisquer gêneros, fazendas e mercadorias, transportadas ou em navios estrangeiros das potências que se conservam em paz e harmonia com minha Real Coroa, ou em navios de meus vassalos, pagando por entrada 24 por cento [...] Que não só os meus vassalos, mas também os sobreditos Estrangeiros, possam exportar [...] todos e quaisquer gêneros de produções coloniais, à exceção do pau-brasil ou outros notoriamente estancados.

Saga. São Paulo: Abril Cultural, 1981. v. 3. p. 21.

Com a abertura dos portos, Portugal ficou definitivamente afastado da posição de intermediário do comércio brasileiro. Foi desfeita a base essencial em que se assentava o domínio metropolitano: o monopólio do comércio colonial. Essa medida, tão rapidamente tomada pelo príncipe regente, foi inevitável, em razão das condições do momento. Não era possível fazer o comércio por intermédio de Portugal, já que esse país estava ocupado pelas tropas francesas.

O país mais beneficiado pelo decreto de D. João foi a Inglaterra. Pelo porto do Rio de Janeiro, entravam produtos manufaturados ingleses destinados não só ao Brasil, mas também a outros mercados sul-americanos (na região do Rio da Prata e da costa do Pacífico). Também foram favorecidos os proprietários rurais do Brasil que produziam gêneros destinados à exportação, como os produtores de açúcar e algodão.

No mês de abril do mesmo ano, já no Rio de Janeiro, D. João revogou os decretos que proibiam a instalação de manufaturas no Brasil, isentou de pagamento de tributos a importação de matérias-primas e incentivou as indústrias de tecidos e de ferro.

Foram abertas algumas indústrias, mas esse primeiros empreendimentos logo sofreram o impacto de acordos assinados com a Inglaterra.

Os tratados com a Inglaterra

Quando da abertura dos portos, foi fixada uma tarifa alfandegária de 24% para os produtos importados. Em seguida, as mercadorias portuguesas foram beneficiadas com uma taxa de 16%.

Em 1810, foram assinados tratados com a Inglaterra: **Tratado de Comércio e Navegação** e **Tratado de Aliança e Amizade**.

Pelo Tratado de Comércio e Navegação, a Inglaterra pagaria uma tarifa alfandegária de 15% sobre o valor das mercadorias que exportasse para o Brasil, portanto, mais baixa que a portuguesa. Os produtos ingleses levavam vantagem.

Mesmo quando, em 1816, Portugal conseguiu uma taxa igual à da Inglaterra, a situação não mudou. Não havia possibilidade de competir com a Inglaterra, que contava com um bem montado aparelho comercial e industrial, além de imensa frota mercante.

Os efeitos dessas tarifas alfandegárias privilegiadas para a Inglaterra logo foram sentidos no Brasil: desapareceu o incentivo à produção industrial interna. Era muito difícil para o produto brasileiro competir com o inglês, de melhor qualidade e mais barato.

Pelo Tratado de Aliança e Amizade, Portugal se obrigava a limitar o tráfico de escravos africanos.

A administração de D. João

D. João criou no Rio de Janeiro vários órgãos públicos, entre eles o Banco do Brasil e a Casa da Moeda. Em setembro de 1808, foi editado o primeiro jornal do Brasil, a *Gazeta do Rio de Janeiro*.

> [...] A *Gazeta do Rio de Janeiro* tinha caráter quase oficial e estava sujeita, como todas as demais publicações, a uma comissão de censura encarregada de "examinar os papéis e livros que se mandassem publicar e fiscalizar que nada se imprimisse contra a religião, o governo e os bons costumes". O jornal brasileiro independente dessa época, que continha críticas à política portuguesa, era o *Correio Brasiliense* de Hipólito José da Costa, editado em Londres entre 1808 e 1822.
>
> Boris. FAUSTO, História do Brasil. São Paulo: Edusp, 1994. p. 127.

O príncipe regente estimulou a vida cultural na cidade. Fundou a Escola Superior de Matemática, Ciências, Física e Engenharia; a Escola Médico-Cirúrgica; o Jardim Botânico; o Real Hospital Militar e a Biblioteca Real.

Cientistas e viajantes estrangeiros vieram para o Brasil, e aqui estudaram e escreveram muitos trabalhos sobre a terra e seus costumes. Em 1816, D. João contratou uma missão artística francesa para organizar a Escola de Belas-Artes. Participaram dessa missão arquitetos, que fizeram vários

Fachada do Banco do Brasil no Rio de Janeiro, hoje Centro Cultural Banco do Brasil. Foto de 2007.

projetos para edificações urbanas, e pintores, como Jean-Baptist Debret, que retrataram paisagens e costumes do Brasil na época.

D. João criou vários cargos admistrativos, aumentando, assim, as despesas públicas. Para resolver esse problema, o governo estabelecia mais impostos.

Foto de 2009 destaca Chafariz das Musas, instalado no Jardim Botânico, Rio de Janeiro, RJ.

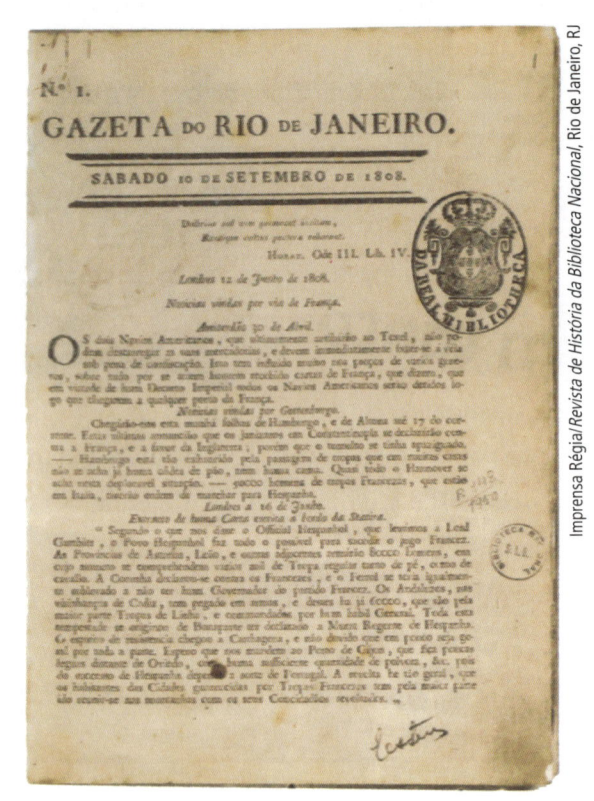

Primeira página do primeiro jornal do Brasil, *Gazeta do Rio de Janeiro*.

O Brasil é reino

Com a derrota de Napoleão Bonaparte, em 1815, a permanência da corte portuguesa no Brasil começou a ser criticada, mas D. João decidiu continuar aqui. Aceitou a sugestão do ministro francês Talleyrand de mudar a condição política do Brasil para Reino Unido, a mesma de Portugal.

No mesmo ano, D. João elevou o Brasil à categoria de **Reino Unido a Portugal e Algarve**. No ano seguinte, com a morte da rainha D. Maria I, o príncipe regente foi aclamado rei, com o título de D. João VI.

Política externa

A política externa de D. João foi marcada, principalmente, por dois episódios: a invasão da Guiana Francesa e a conquista da Província Cisplatina.

Em represália à política napoleônica, ao chegar ao Brasil, D. João rompeu relações com a França e determinou a invasão da Guiana Francesa, que foi facilmente submetida. Com a derrota de Napoleão, uma reunião de países europeus decidiu pressionar D. João para que ele devolvesse essa região à França. Em 1817, o governo português cedeu e as tropas portuguesas abandonaram a Guiana Francesa.

Ao dominar a Espanha, em 1809, Napoleão depôs o rei e colocou no poder seu irmão José Bonaparte. As colônias espanholas da América aproveitaram a crise na Metrópole para dar início à luta pela libertação. D. João também aproveitou essa luta para expandir as fronteiras do Brasil até a região do Rio da Prata. Usando o pretexto de defender os interesses de sua esposa, D. Carlota Joaquina, irmã do rei espanhol deposto, D. João enviou tropas para ocupar o território do atual Uruguai. Em 1821, a região foi anexada ao Brasil com o nome de Província Cisplatina.

Pernambuco luta pela independência

Em 1817, eclodiu uma revolução que pretendia a independência de Pernambuco, capitania em que havia um profundo descontentamento com a administração de D. João. No fim do século XVIII, as lojas maçônicas divulgavam ideias liberais nessa capitania.

A situação econômica de Pernambuco provocava um descontentamento geral. O açúcar e o algodão, os principais produtos da região, tinham seus preços cada vez mais reduzidos no mercado externo.

A maçonaria

Sociedade secreta difundida em todo o mundo, que adota o princípio da fraternidade e da **filantropia** entre seus membros, chamados maçons livres. A sociedade é inspirada nas corporações medievais dos **maçons** (pedreiros) e surgiu em 1717, para incentivar a ajuda mútua e o sentido de fraternidade. Os membros das diversas "lojas" da ordem maçônica são principalmente profissionais liberais. Mulheres não são admitidas como membros. [...] No Brasil, durante o período que antecedeu a independência, as lojas maçônicas funcionaram como centros de atividades políticas e a maçonaria passou a representar um núcleo irradiador das ideias do liberalismo.

Nova Enciclopédia ilustrada da Folha. São Paulo: Publifolha, 1996.

Vitral comemorativo da Revolução Pernambucana de 1817, no palácio do Governo do estado de Pernambuco.

145

O movimento revolucionário foi planejado em razão do aumento do custo de vida, dos impostos e do atraso no salário das tropas. Os pernambucanos criticavam o governo central, acusando-o de fraco e incompetente. Os principais líderes eram: Domingos José Martins, Antônio Gonçalves Cruz, os padres João Ribeiro e Miguel Joaquim Barbosa de Castro (padre Miguelinho), os capitães Teutônio Jorge e José de Barros Lima (conhecido nas lojas maçônicas como o **Leão Coroado**).

A revolução começou quando um brigadeiro português foi assassinado ao dar ordem de prisão aos capitães rebeldes Domingos Teotônio e Barros Lima. A tropa aderiu aos conspiradores e o governador Caetano Pinto de Miranda Montenegro fugiu para o Rio de Janeiro depois de assinar a **capitulação**.

Os revolucionários proclamaram a república e organizaram um governo com representantes de várias camadas sociais. Aboliram os monopólios, os títulos de nobreza e os impostos mais recentes. Outras capitanias aderiram ao movimento: Ceará, Rio Grande do Norte, Paraíba e Alagoas.

Em apenas dois meses, o governo português dominou a revolta. Uma junta militar julgou e condenou à morte os principais participantes.

A volta da família real

Desde 1815, cogitava-se a volta da família real para Portugal. Os portugueses estavam descontentes com:
- as dificuldades econômicas e o abandono em que estava mergulhado seu país;
- a elevação do Brasil a reino unido;
- os melhoramentos que D. João VI havia feito no Brasil.

Havia também uma forte influência das ideias liberais entre uma significativa parcela da população portuguesa. Os liberais defendiam a elaboração de uma Constituição para Portugal como solução para todos os problemas.

Esses fatores provocaram um movimento revolucionário conhecido como **Revolução Liberal do Porto** (1820). Eram duas as exigências básicas do movimento: a assinatura de uma Constituição para o Império Português e a volta de D. João VI. Vitoriosos, os revolucionários tomaram o poder e formaram uma Junta Provisória, que convocou uma Assembleia Constituinte.

Em fevereiro de 1821, D. João VI, cercado pelo povo do Rio de Janeiro, jurou obediência à Constituição portuguesa. No dia 7 de março, publicou um decreto atribuindo a seu filho D. Pedro a regência do reino do Brasil, e, em 25 de abril de 1821, a família real voltou para Portugal.

Agravou-se a crise financeira que já dominava o Brasil, provocada pelos gastos exorbitantes da corte e pela criação excessiva de cargos. D. João VI levou os fundos do Banco do Brasil e as riquezas do Museu Nacional, mas também a certeza de que o Brasil possuía as condições necessárias para a proclamação de sua independência política.

A seu filho D. Pedro, que deixou como príncipe regente, disse:

"Pedro, se o Brasil se separar, antes seja para ti, que me hás de respeitar, que para alguns desses aventureiros".

ATIVIDADES

1 Com base no texto, descreva a cidade do Rio de Janeiro quando a corte portuguesa chegou ao Brasil.

_____
_____
_____
_____

2 Responda às perguntas:

a) Qual a importância da abertura dos portos brasileiros às nações amigas?

_____
_____
_____

b) O príncipe regente D. João revogou o alvará que proibia a existência de indústrias no Brasil. Essa medida permitiu uma rápida industrialização do país?

_____
_____
_____
_____
_____

c) Qual o efeito para o Brasil, do Tratado de Comércio e Navegação de 1810?

_____
_____
_____

3 Cite algumas realizações da administração de D. João.

_____
_____
_____

147

4 Comente a afirmação: "A elevação à condição de Reino Unido a Portugal e Algarve colocou o Brasil na mesma condição de Portugal".

_____

_____

5 Escreva um pequeno texto relatando a Revolução Pernambucana de 1817.

_____

_____

_____

_____

Refletindo

6 Troque ideias com seus colegas e explique a afirmação: "As realizações de D. João no Brasil deram as condições materiais necessárias para a independência política do país".

7 Dê a sua opinião: a livre entrada de produtos estrangeiros no país prejudica a produção interna?

_____

8 Ao sair do Brasil, D. João VI tinha a certeza de que o Brasil estava pronto para se desligar de Portugal. Como isso pode ser comprovado?

_____

_____

_____

9 Observe a imagem *Chegada de D. João à Igreja do Rosário*, na página 142, e responda:

   a) Quem são as pessoas que se destacam na pintura?

   b) Que acontecimento esse quadro pretende retratar?

   c) Onde e quando ocorreu esse acontecimento?

   d) Elabore algumas falas para as personagens. O que elas estariam dizendo nesse momento? Exponha seu texto no mural da classe e leia o de seus colegas, observando as semelhanças e as diferenças entre eles.

Trabalhando em grupo

10 Em 2008, foram comemorados os 200 anos da chegada da família real ao Brasil. Algumas escolas de samba aproveitaram o tema para seus enredos. Pesquise a letra desses enredos e observe a história de uma outra forma!

Capítulo 6
A Regência de D. Pedro e a Independência

O Rio de Janeiro mudou

Quando D. João VI retornou a Portugal, em 1821, a cidade do Rio de Janeiro era bem diferente daquela que ele viu ao chegar. Ela havia se transformado em um centro comercial e cultural de relativa importância e sua população superava os 110 mil habitantes. Com a presença da corte, a cidade sofreu mudanças não só em seu cenário urbano, como também nos costumes, o que foi perceptível principalmente na camada mais alta da sociedade.

Rua Direita no Rio de Janeiro, aquarela pintada por Johann Moritz Rugendas em 1820.

Vista do Teatro Real de São João, no Largo do Rocio, aquarela de Jean-Baptiste Debret, 1834.

Surgiram centenas de novas construções, ampliando a área urbana. Foram edificados vários prédios de luxo, igrejas, museus, escolas, inúmeras repartições públicas e, inclusive, um Jardim Botânico. As famílias mais ricas deixaram suas chácaras para morar na cidade e lá construíram casas suntuosas, em ruas largas e limpas.

Houve grande aumento da atividade comercial. Novos hábitos e novos padrões de consumo foram adquiridos pela elite local, favorecendo a multiplicação de lojas que vendiam os mais variados produtos estrangeiros: alimentos, móveis, vestidos de seda, rendas, sapatos, toucas de lã, porcelanas, cristais, pratarias etc.

O movimento era intenso nas ruas e começava muito cedo. Escravos domésticos, com jarros nas mãos, iam buscar água nas fontes e chafarizes ou carregavam trouxas de roupas para serem lavadas.

Escravos de ganho levavam aves, verduras ou doces para vender de porta em porta. O dinheiro que conseguiam com essa venda era dividido com seus senhores.

Carregadores de água no Rio de Janeiro, cena registrada pelo pintor Rugendas em 1835.

Voto de uma missa pedido como esmola, aquarela de Jean-Baptiste Debret, de 1826.

Os homens brancos também cuidavam de seus afazeres. Eram funcionários públicos que se dirigiam para as repartições, grandes comerciantes interessados em concluir negócios lucrativos ou senhores que se dirigiam ao Valongo, mercado de escravos que ficava fora da cidade, para adquirir novas "peças". Circulava também grande número de desocupados e mendigos nas ruas da cidade.

O contato dos colonos com os **reinóis** levou-os a adquirir novos hábitos, interesses e costumes. Passaram a se vestir luxuosamente, a desejar uma vida mais confortável e a se interessar pelo que ocorria fora do Brasil, principalmente na Europa.

Casa para alugar, cavalo e cabra, 1835, Jean-Baptiste Debret.

A ostentação e o luxo marcavam as festas e os **saraus**. As mulheres ricas exibiam-se na "última moda" nas missas, festas, bailes, chás, recepções e nos espetáculos de dança ou ópera no Teatro São João.

Tudo era motivo para comemorações: casamentos, aniversários, nascimento de membros da corte, dias de santos, enterro de gente importante, inauguração de estabelecimentos etc.

Apesar de todas essas mudanças, algumas outras situações não se alteraram em virtude da convivência entre os colonos e a corte.

Pelo porto do Rio de Janeiro, que abrigava intenso movimento de navios que chegavam e partiam, o Brasil exportava alguns produtos coloniais, como o açúcar; e o que mais importava eram os escravos africanos. Portanto, permanecia a escravidão.

Nada mudou no padrão de vida dos homens e mulheres das camadas mais baixas, brancos ou mestiços. Eles continuaram a morar em ruas escuras e malcheirosas, em casebres sem conforto algum, a fazer os serviços mais pesados e a nem sempre ganhar o necessário para se manter.

ATIVIDADES

1) No início do século XIX, na cidade do Rio de Janeiro, havia necessidade de se buscar água e lavar as roupas nas fontes e chafarizes. Atualmente, como a água chega em sua casa?

_____
_____
_____

2) No Rio de Janeiro, na época de D. João, havia muitos vendedores ambulantes e muitos mendigos nas ruas. Hoje, em muitas cidades do Brasil, isso ainda acontece.

a) Na cidade onde você mora, há comércio de ambulantes nas ruas?

_____
_____

b) Que produtos são vendidos pelos ambulantes?

_____
_____

c) Na cidade onde você mora, há mendigos?

_____

d) Como são as condições de vida dessas pessoas?

_____
_____

3) Quais mudanças resultaram do contato dos colonos com a corte?

_____
_____
_____

4) Quais foram as camadas sociais que não tiveram seu padrão de vida modificado com a presença da corte portuguesa? Justifique sua resposta.

_____
_____

As Cortes querem recolonizar o Brasil

A permanência da corte portuguesa, de 1808 a 1821, e as realizações administrativas de D. João VI transformaram a vida no Brasil. O país adquiriu liberdade de comércio e foi aparelhado para se tornar autônomo. Além disso, a elevação à categoria de Reino Unido a Portugal e Algarve deu-lhe uma condição política semelhante à da antiga Metrópole. Já Portugal perdeu o controle do comércio para a Inglaterra e, com a criação de pesados impostos, fez renascer a animosidade dos colonos.

O Brasil estava a caminho de seu desligamento definitivo de Portugal.

De 1821 a 1822, o Reino Unido do Brasil foi governado pelo príncipe regente D. Pedro. Contudo, os portugueses, após conseguirem o retorno de D. João VI e a assinatura da Constituição, tentaram fazer com que o Brasil voltasse à condição de colônia.

Além disso, os portugueses ficaram descontentes com as medidas tomadas por D. Pedro logo no início de seu governo: restrição das despesas, redução dos impostos considerados abusivos e equiparação dos militares portugueses e brasileiros.

A aristocracia rural brasileira e os grandes comerciantes, interessados em não perder as vantagens adquiridas durante a administração de D. João VI, aproximaram-se de D. Pedro. Pelos jornais, muitos brasileiros expressavam seu desejo de que o Brasil fosse um país soberano.

Como não conseguiram convencer D. Pedro a retornar para Portugal, as Cortes, como era chamado o Parlamento português nessa época, tomaram medidas para reduzir sua autoridade, dentre elas, a de que os governos provinciais deveriam obedecer apenas às ordens que vinham diretamente de Lisboa.

Os brasileiros reagem

No Brasil, o sentimento nacionalista se fortaleceu. Formaram-se dois grupos antagônicos: de um lado, os comerciantes portugueses, soldados e funcionários públicos fiéis a Lisboa, e, de outro, proprietários de terras e comerciantes estrangeiros ligados aos interesses brasileiros.

Em 1821, um decreto das Cortes portuguesas exigiu a volta de D. Pedro. Os políticos brasileiros, influenciados pela maçonaria, criaram o **Clube da Resistência** e desencadearam uma campanha, veiculada pelo jornal *Revérbero Constitucional Fluminense*, com a finalidade de manter o príncipe regente no Brasil.

Em janeiro de 1822, novamente as Cortes ordenaram que D. Pedro voltasse para Portugal. No Brasil, a reação foi imediata. José Clemente Pereira, presidente do Senado, à frente de uma comissão, entregou ao príncipe regente um abaixo-assinado, com mais de 8 mil assinaturas, pedindo que ele ficasse.

Contando com o apoio da ala mais conservadora da aristocracia brasileira, que defendia a monarquia e a manutenção do escravismo, D. Pedro decidiu ficar. Sua resposta, no dia 9 de janeiro, conhecido como o **Dia do Fico**, foi: "Como é para o bem de todos e felicidade geral da nação, estou pronto: diga ao povo que fico".

A partir desse momento, o Brasil caminhou rapidamente para a independência.

No dia 16 de janeiro de 1822, D. Pedro nomeou um novo ministério, chefiado por José Bonifácio de Andrada e Silva, principal representante da aristocracia brasileira. O novo ministério:

- estabeleceu que todas as ordens vindas de Portugal só seriam obedecidas no Brasil se tivessem o **Cumpra-se** de D. Pedro;
- concedeu a D. Pedro o título de **Defensor Perpétuo do Brasil**;
- convocou, em 3 de junho, a **Assembleia Constituinte**;
- proibiu a entrada de tropas portuguesas no Brasil.

José Bonifácio de Andrada e Silva defendia a monarquia como melhor regime a ser adotado pelo Brasil livre. Achava que ela garantiria a unidade do país.

Em oposição, havia o grupo dos liberais radicais, liderado por Gonçalves Ledo, que também lutava pela soberania do país, mas de uma forma mais radical: era republicano e defendia o rompimento definitivo de todos os laços do Brasil com Portugal.

O "7 de setembro"

Em agosto de 1822, D. Pedro viajou para São Paulo, a fim de impor sua autoridade e resolver lutas políticas que ali ocorriam. Deixou como regente sua esposa D. Leopoldina. Foi ela quem recebeu as novas ordens que chegaram das Cortes portuguesas anulando os decretos de D. Pedro e exigindo seu regresso a Portugal. Caso isso não fosse cumprido, ameaçavam enviar tropas para o Brasil. D. Leopoldina e José Bonifácio resolveram mandar essas notícias ao príncipe.

No dia 7 de setembro, quando D. Pedro voltava da cidade de Santos para São Paulo, às margens do Riacho do Ipiranga, o mensageiro Paulo Bregaro entregou-lhe os documentos de Portugal e as cartas de sua esposa e de José Bonifácio. Ao terminar a leitura, D. Pedro proclamou a Independência do Brasil, oficializando a separação definitiva do Brasil em relação a Portugal.

Consta que D. Pedro exclamou em voz alta aos soldados que o acompanhavam: "As Cortes de Lisboa querem mesmo escravizar o Brasil; cumpre, portanto, declarar já a sua independência. Estamos definitivamente separados de Portugal. Independência ou morte!"

Nessa mesma noite, em São Paulo, D. Pedro foi aclamado o soberano do Brasil. Ele partiu para o Rio de Janeiro e, no dia 12 de outubro, numa cerimônia, foi aclamado Imperador Constitucional e Perpétuo Defensor do Brasil, D. Pedro I. No dia 1º de dezembro de 1823, em uma cerimônia solene e privada, sem a participação popular, D. Pedro I foi coroado.

A Coroação de D. Pedro I, Imperador do Brasil, na Capela Imperial, Rio de Janeiro, em 1º de dezembro de 1822. Jean-Baptiste Debret, 1835.

ATIVIDADES

1) Responda às seguintes perguntas:

a) O que as Cortes portuguesas pretendiam em relação ao Brasil?

_____

b) Por que o Dia do Fico favoreceu o processo de Independência do Brasil?

_____

c) Qual a razão de a aristocracia rural brasileira defender o regime monárquico?

_____

2) Cite as quatro principais medidas do ministério nomeado por D. Pedro.

_____

3) O que defendiam os liberais radicais?

_____

155

Refletindo

4 Observe esta imagem com atenção e responda:

Independência ou Morte ou *O grito do Ipiranga*, obra de 1888, de Pedro Américo.

a) O pintor Pedro Américo fez esta obra na época da Independência do Brasil?

_____

b) Se o pintor não presenciou o fato, esta obra pode ser considerada registro preciso do que aconteceu? Justifique.

_____

_____

c) O pintor representou a cena com grandiosidade. Na sua opinião, por que ele fez isso?

_____

_____

_____

5 Agora observe esta outra imagem:

A proclamação da Independência, de François Renée Moreaux, 1844.

Qual a principal diferença entre as imagens?

_____

_____

6 Imagine-se vivendo no Rio de Janeiro em 1822 e lutando pela Independência do Brasil. Elabore um texto defendendo sua posição. Leia o texto para a classe e escute os colegas lerem os seus. Comparem as posições que vocês assumiram e os seus argumentos.

Vocês podem fazer uma dramatização:
- um aluno assume posição favorável à independência e a defende, apresentando seus argumentos;
- outro assume posição contrária à independência e a defende, expondo seus argumentos.

A classe escolherá quem melhor defendeu sua posição e usou os argumentos mais convincentes.

Pesquisando

7 Pesquise e troque ideias com o seu grupo sobre as características e diferenças entre os regimes monárquico e republicano.

157

Glossário

Acalentado: alentado, incentivado.

Agregado: aquele que vive com uma família, como pessoa da casa.

Alferes: militar que ocupava uma posição que corresponde hoje à de segundo-tenente.

Alforriado: liberto.

Alvará: documento assinado por um soberano acerca de negócios públicos ou particulares.

Apresar: capturar, tomar como presa.

Arrendamento: aluguel ou contrato pelo qual alguém cede a outro, por certo tempo e preço, o uso de bens, em geral imóveis.

Astrolábio: instrumento astronômico para medir a altura dos astros acima da linha do horizonte. Foi aperfeiçoado e, modernamente, é um dos instrumentos fundamentais na astrometria.

Austero: rígido, severo.

Bacalhau: espécie de chicote de couro cru que rasgava a pele do escravo.

Banzo: nostalgia mortal que acometia os negros quando tirados à força da África.

Borduna: porrete grosso e pesado.

Bússola: instrumento usado para orientação.

Caravela: embarcação rápida, fácil de manobrar. Com dois ou três mastros, podia ter diversos tipos de vela: a redonda, que necessitava de vento favorável; a triangular, que possibilitava manobras ágeis; e a quadrada, que era usada nas viagens muito longas.

Capitulação: renúncia, rendição.

Cisterna: reservatório de água das chuvas.

Colônia: território fora das fronteiras geográficas de um país e que era dominado política e economicamente por esse país.

Compulsório: obrigatório (no texto, trabalho escravo).

Comutar: substituir (pena ou castigo) por outro menor.

Concessão: privilégio concedido mediante contrato.

Confisco: ato pelo qual o governo toma um bem da pessoa.

Contrabando: comércio ilegal entre países.

Corsário: pirata a serviço de um governo.

Corte: grupo constituído pelo rei e sua família, funcionários e nobres.

Cristão-novo: judeu convertido à fé cristã, principalmente por ter sido perseguido por causa da religião.

Cubículo: pequeno compartimento.

Data: área demarcada legalmente para a exploração do ouro.

Devassa: investigação para apurar ato considerado criminoso.

Embrenhar-se: internar-se (nos matos).

Emplumado: cheio de plumas.

Feitoria: estabelecimento comercial.

Filantropia: humanitarismo, caridade.

Filosofia iluminista: movimento filosófico surgido no século XVIII que defendia o uso da razão como fonte de luz ao conhecimento humano. Os filósofos iluministas, por meio de suas teorias políticas e sociais, combatiam os governos absolutistas e os privilégios sociais que oprimiam a burguesia e as camadas populares.

Fisco: conjunto de órgãos destinados à arrecadação de tributos.

Flamengo: holandês; da região de Flandres.

Fóssil: vestígio ou resto endurecido de seres vivos que habitaram a Terra.

Gargalheira: colar de ferro com que se mantinham presos os escravos.

Guerra justa: se os indígenas atacassem os colonos, poderiam ser escravizados.

Insurreição: rebelião, revolta.

Intolerância: intransigência, rigidez.

Isenção: dispensa, desobrigação.

Liteiras: cadeira usada como meio de transporte, coberta e fechada, levada por dois homens ou dois animais de carga.

Mesquinho: pouco, escasso.

Metrópole: era o país que dominava política e economicamente territórios (colônias) fora de suas fronteiras.

Mercancia: compra, mercadoria.

Mestiços: fruto de relacionamentos de africanos e europeus.

Missão: aldeamento indígena dirigido pelos jesuítas.

Monarquia centralizada: regime de governo em que o rei concentra os poderes em suas mãos.

Monocultura: cultura de um único produto.

Monopólio: direito exclusivo sobre o comércio, ou seja, direito de compra e venda dos produtos sem concorrência.

Mor: maior.

Mouro: o mesmo que árabe.

Ociosidade: inatividade, preguiça, moleza.

Pau a pique: parede feitas de entrelaçado de ripas ou varas cobertas de barro. Construção típica do Brasil rural.

Perene: sem interrupção, contínuo

Pinguela: Vareta que se usa em armadilha para aves; ponte tosca de madeira.

Porão: parte da casa que fica abaixo do nível da rua.

Poupar: economizar.

Precário: escasso.

Quinto: imposto de 20% que Portugal cobrava de todo o ouro e pedras preciosas explorados no Brasil.

Radical: profundo, completo.

Reinol: habitante do reino, português.

Revolução: mudança profunda.

Sarau: festa literária noturna, em casa particular.

Sesmaria: lote de terra a ser cultivado.

Suplantar: ultrapassar.

Turvo: escuro, sombrio.

Vira-mundo: grilhão de ferro com que se prendiam os escravos.

Víveres: gêneros alimentícios.

Indicação de leituras complementares

- **Os descobrimentos**
Paulo Migliacci
São Paulo: Scipione, 1994.
Analisa a vida dos povos da América antes da conquista portuguesa e espanhola, a Europa dos séculos XV e XVI e a figura do descobridor.

- **Navegar é preciso**
Janaína Amado e Ledonias Franco Garcia
São Paulo: Atual, 1989.
O livro analisa as transformações ocorridas na Europa no século XV e sua relação com as viagens marítimas, destacando os perigos e receios dos navegadores. Ilustrações, mapas e documentos enriquecem a obra.

- **Os primeiros habitantes do Brasil**
Norberto Luiz Guarinello
São Paulo: Atual, 1994.
A obra analisa a diversidade cultural dos indígenas brasileiros antes da conquista portuguesa.

- **O encontro entre culturas**
Maria Cristina Mineiro Scatamacchia
São Paulo: Atual, 2001.
Trata-se de uma análise do choque entre a cultura tupi-guarani e a imposta pelos portugueses.

- **A França Antártica**
Antônio Carlos Olivieri
São Paulo: Ática, 1994.
Por meio da história de um náufrago de um navio francês, o autor explica as invasões francesa e holandesa no Brasil.

- **O engenho colonial**
Luiz Alexandre Teixeira Jr.
São Paulo: Ática, 1998.
Nesse livro, o leitor encontra explicações sobre o funcionamento do Pacto Colonial e da vida de uma fazenda produtora de açúcar.

- **Palmares**
Luiz Galdino
São Paulo: Ática, 2003.
A história de um escravo, Damião, é o fio condutor do livro, que permite ao leitor a compreensão dos seguintes conteúdos: a escravidão no período colonial brasileiro; a vida nos quilombos; e a importância do Quilombo dos Palmares.

- **Verdes canaviais**
Vera Vilhena de Toledo e Cândida Vilares Gancho
São Paulo: Moderna, 1996.

A obra analisa a história dos canaviais no Brasil, desde os engenhos coloniais até a época das usinas.

- **O trabalho nos engenhos**
Etelvina Trindade
São Paulo: Atual, 1996.
O livro explica a produção e a comercialização do açúcar no Brasil e na Europa.
A escravidão no Brasil: trabalho e resistência
Marlene Ordoñez e Júlio Quevedo
São Paulo: FTD, 1996.
O leitor encontra nessa obra uma abordagem detalhada da escravidão negra no Brasil, sua importância para a história econômica e política brasileiras e os movimentos de resistência do negro.

- **Revoltas da senzala**
Ana Lúcia Duarte Llana
São Paulo: Ática, 1998.
Trata-se de uma análise da vida dos escravos no Brasil colonial e de sua luta pela libertação, atingindo até o século XIX.

- **A guerra dos holandeses**
Pedro Puntoni
São Paulo: Ática, 1995.
A obra explica os motivos das invasões holandesas no Brasil e a organização da resistência pernambucana contra o domínio holandês.

- **Recife dos holandeses**
Julieta de Godoy Ladeira
São Paulo: Ática, 1998.
Análise da presença holandesa no Brasil e do movimento de resistência para expulsá-los – a Insurreição Pernambucana.

- **O Brasil dos holandeses**
Luiz Geraldo Silva
São Paulo: Atual, s.d.
O livro trata da invasão e da expulsão dos holandeses do Brasil, preocupando-se em mostrar a vida no nordeste brasileiro nessa época.

- **O bandeirismo paulista e a escravidão indígena**
Katia Maria Abud e Maria Auxiliadora Schmidt
São Paulo: Moderna, s.d.
Análise crítica sobre o bandeirante paulista como apresador de indígenas destinados à escravização. O livro também inclui a reflexão sobre a destruição sofrida pelo indígena, tanto física como culturalmente.

- **Caminhos do boi**
Cândida Vilares Gancho e Vera Vilhena de Toledo
São Paulo: Moderna, 1990.
Nesse livro, o leitor encontra a abordagem da história da pecuária no Brasil e sua importância cultural.

- **Os bandeirantes**
Mustafá Yazbek
São Paulo: Ática, 1998.
Em torno da história de uma bandeira fictícia, o autor relata os objetivos e os conflitos dos

paulistas, no século XVII, ao se dirigirem à região das missões jesuíticas.

- **Guerra dos Mascates**
  Luiz Geraldo Silva
  São Paulo: Ática, 1995.
  A obra aborda a sociedade de Pernambuco no início do século XVIII, os motivos da rivalidade entre olindenses e recifenses e a guerra que delas se originou.

Saiba pesquisar na internet

"É melhor ensinar a pescar do que dar um peixe." Esse ditado vale, e muito, para a internet. Como os nomes dos *sites* mudam constantemente, é melhor você aprender como encontrar as informações nessa rede mundial.

Há vários tipos de programas de busca na internet, entre eles, sugerimos:

- Google (**www.google.com.br**) – em português
- Busca Uol (**http://busca.uol.com.br**) – *site* brasileiro.
- Yahoo! Cadê? (**br.cade.yahoo.com**) – em português.
- AltaVista (**www.altavista.com**)

Para começar o trabalho, depois de abrir a página de busca, é preciso digitar um assunto e pressionar o botão "Busca" (para *sites* em português) ou "Search" (para *sites* em inglês). Ou simplesmente pressionar a tecla "Enter".

Os *sites* de programas de busca mais tradicionais permitem uma pesquisa mais refinada, eliminando ou acrescentando palavras.

Se você quer *sites* que tratem de **era Vargas**, por exemplo, deve digitar as duas palavras usando a conjunção **e**: era e vargas (leia mais no quadro a seguir).

Outros *sites* já embutem o método em campos. Você preenche um formulário dizendo se quer *sites* que contenham todas as palavras digitadas ou se quer *sites* em que as palavras apareçam em uma determinada ordem. Alguns *sites* permitem que você escolha o idioma do resultado de sua pesquisa. Por exemplo, você pode solicitar informações sobre o **Museu do Louvre**, mas somente informações em **português**. Nesse caso, podem existir *sites* no Brasil (geralmente de universidades) para esse museu.

Uma das dúvidas que podem surgir durante o trabalho é quando o mecanismo de busca não traz nenhum resultado para sua pesquisa. Nesse caso, tente sinônimos ou palavras genéricas.

Adaptado de: *Folha Informática*, out. 1999.

Dicas para busca na internet

(aspas) – para definir uma frase na ordem desejada.
Exemplo: "*imperador Dom Pedro II*". Assim, evita resultados como *imperador Dom Pedro*.

(asterisco) – após digitar uma palavra, a fim de conseguir respostas que comecem com parte de uma palavra.

Exemplo: *comunis** vai trazer resultados como *comunista* e *comunismo*.
(o sinal menos) para eliminar uma palavra ou frase no resultado.

Exemplo: *revolta – chibata* vai trazer *sites* que contenham a palavra *revolta* sem o tópico *chibata*.

a letra **e** se o objetivo for achar as palavras em uma mesma página.

Exemplo: *revolta dos marinheiros* **e** *revolta da chibata* **e** *João Cândido*.

ou para encontrar qualquer uma das palavras digitadas.

Exemplo: *revolta dos marinheiros* **ou** *revolta da chibata* **ou** *João Cândido*.

Obs.: em alguns *sites*, em vez de usar **e/ou**, prefira **and** e **or** ("e" e "ou", em inglês)

Alguns *sites* de interesse na internet

(Acesso em: jun. 2012.)

No Brasil

Arquivo do Estado de São Paulo: www.arquivoestado.sp.gov.br.

BBC Brasil: www.bbc.co.uk/portuguese/

Biblioteca Mario de Andrade: http://portal.prefeitura.sp.gov.br/secretarias/cultura/bma

Biblioteca Nacional/RJ: www.bn.br

Centro Cultural São Paulo: www.centrocultural.sp.gov.br

Departamento do Patrimônio Histórico da Cidade de São Paulo: http://portal.prefeitura.sp.gov.br/secretarias/cultura/patrimonio_historico

Fundação Casa de Rui Barbosa: www.casaruibarbosa.gov.br

Fundação Cultural Palmares: www.palmares.gov.br

IBGE: www.ibge.gov.br

Instituto de Estudos Brasileiros/USP: www.ieb.usp.br

Instituto do Patrimônio Histórico e Artístico Nacional.: www.iphan.gov.br

Jornal A Tarde: www.atarde.com.br

Jornal Correio Braziliense: www.correioweb.com.br

Jornal do Brasil online: www.jbonline.terra.com.br

Jornal Folha de S.Paulo online: www1.folha.uol.com.br/fsp

Jornal O Estado de Minas: www.estaminas.com.br

Jornal O Estado de S. Paulo: www.estado.com.br

Jornal O Globo online: http://oglobo.globo.com

Jornal Zero Hora: www.zh.com.br

Le Monde Diplomatique Brasil: http://diplo.org.br/

Museu de Arqueologia e Etnologia da USP (MAE): www.mae.usp.br

Museus Castro Maya: www.museuscastromaya.com.br

Museu Histórico Nacional: www.museuhistoriconacional.com.br

Museu Imperial: www.museuimperial.gov.br

Museu do Índio: www.museudoindio.org.br

Museu Paulista (Museu do Ipiranga): www.mp.usp.br

Museu da República: www.museudarepublica.org.br

Revista Aventuras na História: www.historia.abril.com.br

Revista Ciência Hoje (Inst. Ciência Hoje – SBPC): http://cienciahoje.uol.com.br

Revista ComCiência (SBPC): www.comciencia.br/comciencia

Revista Eletrônica de História do Brasil: www.rehb.ufjf.br

Revista Época: www.revistaepoca.globo.com

Revista Galileu: www.revistagalileu.globo.com

Revista de História da Biblioteca Nacional: www.revistadehistoria.com.br

Revista História Hoje (Ampuh): www.anpuh.uepg.br/historia-hoje

Revista História Viva: www2.uol.com.br/historiaviva

Revista IstoÉ: www.terra.com.br/istoe/

Revista Nova Escola: www.revistaescola.abril.com.br

Revista Superinteressante (arquivo de todas as edições): http://super.abril.com.br/superarquivo/index_superarquivo.shtml

Revista Superinteressante: http://super.abril.com.br/super

No exterior

Biblioteca Britânica: www.bl.uk (em inglês)

Biblioteca do Congresso/EUA: www.lcweb.loc.gov (em inglês)

Biblioteca Nacional Central de Roma – Itália: www.bncrm.librari.beniculturali.it

Biblioteca Nacional de Espanha: www.bne.es (em espanhol)

Biblioteca Nacional (Paris-França): www.bnf.fr (em francês)

Bibliotecas Nacionais do Mundo: www.pesquisa.bn.pt/bn-mundo (em português)

Galeria dos Ofícios (Florença – Itália): www.firenzemusei.it/uffizi (em italiano)

Guia de Museus da Cultura Pré-Colombiana: www.sobresites.com/culturaprecolombiana/museus.htm (em português)

Museu Arqueológico de Atenas: www.culture.gr (opção em inglês)

Museu Britânico (Londres – Inglaterra): www.britishmuseum.org (em inglês)

Museu do Estado Russo: www.rusmuseum.ru (opção em inglês)

Museu de Israel: www.english.imjnet.org.il (em inglês)

Museu do Louvre (Paris – França): www.louvre.fr (em francês)

Museu d'Orsay (França): www.musee-orsay.fr (em francês)

Museu do Prado (Madri – Espanha): www.meuseoprado.mcu.es (em espanhol)

Museu Egípcio (Cairo – Egito): www.egyptianmuseum.gov.eg (em inglês)

Museu Histórico Alemão: www.dhm.de/ENGLISH (em inglês)

Referências bibliográficas

Afonso, Eduardo José. *A Guerra dos Emboabas*. São Paulo: Ática, 1998.

Anastácia, Carla. *Inconfidência Mineira*. São Paulo: Ática, 1997. (Guerras e Revoluções Brasileiras).

ANDREWS, George R. *Negros e brancos em São Paulo*. Bauru: Edusp, 1998.

BITTENCOURT, Circe Maria F. *Dicionário de Datas da História do Brasil*. São Paulo: Contexto, 2007.

BUENO, Eduardo. *Brasil*: uma história: a incrível saga de um país. São Paulo: Ática, 2007.

CARMO, Sônia Irene Silva do; CARMO, Valdizar Pinto do. *Açúcar*: passado e presente. São Paulo: Ática, 1994.

CATANI, Afrânio M. *O que é capitalismo*. São Paulo: Brasiliense, 1981.

CHAUNU, Pierre. *A América e as Américas*. Lisboa: Cosmos, 1969.

COLL, Josefina. *A resistência indígena*. Porto Alegre: L & PM, 1986.

COSTA, Emília Viotti. *Da senzala à colônia*. 2. ed. São Paulo: Ciências Humanas, 1982.

DICIONÁRIO de *História do Brasil*. 2. ed. revista. São Paulo: Melhoramentos, 1971.

FAUSTO, Boris. *História do Brasil*. São Paulo: Edusp, 2000.

FENELON, Déa Ribeiro. A carta de Pero Vaz de Caminha. In: *Textos de História do Brasil*. São Paulo: Hucitec, 1986.

FERLINI, Vera L. do Amaral. *Terra, trabalho e poder*. São Paulo: Brasiliense, 1988.

FUNARI, Pedro Paulo. *Os antigos habitantes do Brasil*. São Paulo: Editora da Unesp, 2001.

GARCIA, José Manuel. *História de Portugal*: uma visão global. Lisboa: Presença, 1981.

GORENDER, Jacob. *O escravismo colonial*. São Paulo: Ática, 1980.

HOBSBAWM, Eric. *A Era do Capital*. 2. ed. Rio de Janeiro: Paz & Terra, 1979.

HOLANDA, Sérgio Buarque de. *História geral da civilização brasileira*. São Paulo: Bertrand Brasil, 1990.

MELATTI, Júlio César. *Os índios do Brasil*. São Paulo: Hucitec, 1989.

ORDOÑEZ, Marlene; QUEVEDO, Júlio. *A escravidão no Brasil*: trabalho e resistência. São Paulo: FTD, 1996.

PEREGALLI, Enrique. *Como foi que o Brasil ficou assim*? São Paulo: Global, 1982.

PREZIA, Benedito; HOORNAERT, Eduardo. *Esta terra tinha dono*. São Paulo: FTD, 1995.

SAGA: História do Brasil. São Paulo: Abril Cultural, 1981. 7 v.

SCATAMACCHIA, Maria Cristina Mineiro. *O encontro entre culturas*. São Paulo: Atual, 2000. (A Vida no Tempo).

TAVARES, Luís Henrique Dias. *Bahia*: 1798. São Paulo: Ática, 1995.

Biblioteca Nacional, Rio de Janeiro, RJ

Museu Nacional de Belas Artes, Rio de Janeiro, RJ